Helmut Rieth

Der Brückenbauer

Wie ich durch Gottes Liebe neu glauben lernte.

Autor:	Helmut Rieth
Titel:	Der Brückenbauer
	Wie ich durch Gottes Liebe neu glauben lernte.
Satz :	Martin Korpowski, Verlag martonius
	www.martonius.org
Auflage:	1. Auflage 2022 © martonius
ISBN-13:	978-3-949073-14-4

Für die Bibelstellen wurde - sofern nicht anders angegeben - die Übersetzung nach Martin Luther (LUT) verwendet.

Alle Rechte vorbehalten.

Kein Teil dieser Veröffentlichung darf ohne schriftliche Genehmigung des Herausgebers bzw. nur in Übereinstimmung mit den Bestimmungen des Copyright in irgendeiner Form oder auf irgendeine Weise, sei es elektronisch oder mechanisch, durch Fotokopie, Aufzeichnung oder anderweitig, egal für welchen Zweck, reproduziert, auf einem Datensystem gespeichert oder übertragen werden.

Inhaltsüberblick:

1.	Grüße und Dankesworte	5
2.	Blankenhain und meine Kindheit - 1954	7
3.	Kanin und die andere Heimat - 1969	19
4.	Bad Berka und mein Abitur - 1969	25
5.	Studentenzeit und meine Bärbel - 1975	33
6.	Sozialdemokratie und mein Gedankengut - 1986	45
7.	Wende und Gottes Wunder - 1989	51
8.	Thüringen und unser Willy - 1990	55
9.	Stadt- und Landespolitik - 1990	63
10.	Wartburg und unsere Verfassung - 1993	75
11.	Familienleben und unser Hausbau - 1996	77
12.	Sport und Wacker 07 - 1997	81
13.	Gerhard und mein Politik-Aus - 1999	83
14.	Mosesberg und meine Erleuchtung - 2000	89
15.	THILLM und meine Rehabilitierung - 2000	97
16.	Krankheit und meine Spontanheilung - 2001	99
17.	Visionen und meine Berufung - 2002	105
18.	Überleben und Loslassen - 2002	109
19.	Angebot und das Vlies - 2005	121
20.	Alexandria und der Brückenbauer - 2006	127
21.	Rückkehr und der Rückkehrer - 2009/2012	141
22.	Sprecher und der ERF	147
23.	Jüngerschaft und meine Söhne im Geist Jesu	153
24.	Gottes Liebe und die Ewigkeit	171
25.	Gebet und königliches Priestertum	177
26.	Lebenslang mit Gottes Führung	185

1. Grüße und Dankesworte

Von ganzem Herzen grüße ich Sie und freue mich, dass sich wieder ein Paar gefunden hat und in Beziehung treten kann, nämlich Leser und Schreiber. Was wären die einen ohne die anderen oder andersherum!

Anstelle der üblichen Vorworte am unvermeidlichen Anfang eines Buches möchte ich Ihnen gleich zu Beginn meinen Dank ausdrücken, dass Sie dieses Buch nun in den Händen halten, aufgeschlagen haben, diese Zeilen lesen und wohl auch an der weiteren Geschichte mit den vielen Geschichten meines Lebens interessiert sind.

Nun werde ich also persönlich, ganz persönlich. Natürlich kenne und schätze ich die Etikette in aller Öffentlichkeit - ich bin ja selbst jahrelang ein Teil dieser Öffentlichkeit gewesen. Aber da es hier nun im Folgenden sehr persönlich und privat wird, bitte ich Sie einfach, das „Du" in der direkten Ansprache meiner interessierten und geschätzten Leserschaft verwenden zu dürfen. Ich bin auch nur ein Mensch und selbst wenn ich Gott wäre, ist ja auch da die Anrede per Du üblich, wie Du weißt. Vielen Dank, dass ich Dir dieses einvernehmlich-verständliche Einverständnis abringen konnte. Es könnte ein wenig Verwirrung stiften, aber das gefällt mir gerade gut in diesem Falle. Also falls wir bisher per Sie unterwegs waren, so darfst Du Dich gern beim nächsten direkten Kontakt mit mir auf dieses Angebot berufen, auch wenn es keine Verpflichtung sein soll. Und das meine ich mit der tiefsten Wertschätzung gegenüber allen menschlichen Gottesgeschöpfen!

Da Du es sowieso in weniger als einer Stunde erfahren wirst, nehme ich das eine Detail schon mal vorweg: Ich bin Deutschlehrer geworden. Und als solcher wurmt es mich etwas, diese umständliche Kapitelüberschrift verwenden zu müssen. Ich wollte anstelle „Dankesworte" einfach nur Dank schreiben, aber eben viel Dank. Nun gibt es in der deutschen Sprache leider keine Mehrzahl von Dank, es ist fachlich gesehen ein Singularetantum. Warum kann man im Deutschen nur einen einzelnen

Dank aussprechen und nicht viele gleichzeitig? Das finde ich irgendwie traurig. Und es gibt noch mehr wichtige Wörter im Deutschen, die leider keinen Plural besitzen, stell Dir das einmal vor! Ich schreibe Dir ein paar Beispiele auf: Hunger, Durst, Obst, Gemüse, Milch, Fleisch, Ernst, Lärm und sogar Liebe!!! Wo so viel Liebe auf der Welt nötig wäre, da gibt es im Deutschen keine Mehrzahl? Vielleicht sollten wir das demnächst ändern, damit wir uns besser ausdrücken können. Jedenfalls wollte ich damit dokumentieren, dass ich trotz dieser sprachlichen Eingeschränktheit meine Erlebnisse aufgeschrieben habe und die deutsche Sprache immer noch und immer wieder schön finde.

Ich weiß nun natürlich nicht, ob wir uns bereits kennen. Vielleicht sind wir ja schon Bekannte, vielleicht Freunde, vielleicht warst oder bist Du ein Wegbegleiter. Ich freue mich jedenfalls über jeden Menschen, der diese Möglichkeit hier wahrnimmt, um mich überhaupt oder noch besser kennen zu lernen. Ich bin so froh, dass es noch Menschen gibt, die Interesse an anderen Menschen haben, die Beziehungen leben. Du wirst schnell merken, dass der Satz „Gott lebt in Beziehungen" einer meiner wichtigsten Lehrsätze geworden ist. Beziehungen sind ganz wichtig und das ist für mich als Brückenbauer ein Lebensmotto geworden. Es hat sich in den vielen Situationen, die ich im Folgenden beschreibe, immer wieder bewahrheitet.

Ich bin sehr dankbar, dass es Dich gibt, weil Du ein wertvoller Teil meiner Beziehungskette werden könntest oder schon bist. Und ich bin dankbar, dass es Gott gibt und Er mich so lange leben, so vieles erleben und so einiges durchleben gelassen hat. Doch lies Du nun selbst meine Geschichte von Gottes Liebe zu seinen Geschöpfen und von Seinem speziellen Wirken in meinem Leben:

Viel Freude wünscht Dir

Helmut Rieth

2.　Blankenhain und meine Kindheit - 1954

Das Lindenstädtchen Blankenhain ist eine thüringische Kleinstadt zwischen Weimar, Rudolstadt und Jena. Sie ist bekannt für das „Weimarer Porzellan", welches dort schon seit 1790 in einer von Christian Andreas Wilhelm Speck gegründeten Porzellanmanufaktur hergestellt wurde. Die Familie Fasolt übernahm diese Manufaktur und hatte in Blankenhain eine schöne Villa. Aber das älteste und imposanteste Gebäude steht seit einigen hundert Jahren auf dem zentralen Plateau im Mittelpunkt des Kurstädtchens: das Blankenhainer Schloss, welches auf eine fränkische Rundburg aus dem siebenten Jahrhundert zurückgeht.

Anfang der 1950er Jahre versuchten die Menschen in Blankenhain wie in vielen anderen Orten, sich ein neues Leben aufzubauen. Die letzten Jahre waren schwer für viele nicht mehr vollständige Familien der Einheimischen, aber auch für zugezogene Aussiedler, die aus ihrer Heimat vertrieben wurden.

So waren auch Herta Korth mit ihren Schwiegereltern und mit ihrer Tochter Ilsa kurz vor Weihnachten 1946 den weiten Weg aus Pommern nach Blankenhain gewiesen worden. Hertas Vater ist leider auf dem langen, beschwerlichen Winterweg in Erfurt verstorben, so dass nur die drei Frauen in drei Generationen in Blankenhain ankamen und ein Zimmer nahmen. Herta und Ilsa fanden dann Arbeit als Kellnerinnen im „Thüringer Hof". Hertas Mann Paul Korth kam erst zwei Jahre später aus russischer Kriegsgefangenschaft in ihre Nähe nach Gotha, wo er von einem Kriegskameraden die versprochene Hilfe bekam und Fuß fassen konnte. So hat er mit einem Pferdewagen das Schweinefutter in der Stadt eingesammelt und an die 130 Schweine verfüttert, für die er mit zuständig war. Er war es, der 1925 das Gehöft in Pommern für 25000 Reichsmark gekauft hatte. So konnte er mit der Arbeit in Gotha wieder ein wenig Bauer sein.

Zurück nach Blankenhain: Dort hatte Otto Rieth eine Schlosserei und hier auch seinen Sohn Kurt ausgebildet, bevor dieser viel zu jung in den Krieg ziehen musste. Er musste nach Kriegsende noch in englische Kriegsgefangenschaft und kam 1947 nach Blankenhain zurück. Dort lernte er im Tanzsaal des „Thüringer Hofes" die nette Kellnerin Ilsa Korth kennen und sie verliebten sich. Etwas unterhalb des Blankenhainer Schlosses wohnten sie in dem kleinen Schlosserei-Gehöft an der Hauptstraße. Schon 1948 wurde ihr erster Sohn Erich geboren.

Die beiden bekamen im Juni 1954 ihr zweites Kind.

Die beiden waren meine Eltern. Ich, Helmut Rieth, war von nun an auf dieser Welt.

Bild: Meine Patentante Brigitte mit Helmut (Bildquelle privat)

Die beiden Bibelsprüche, die offiziell für diesen meinen Geburtstag von der Herrnhuter Brüdergemeine ausgelost worden waren, lauteten:

„Deine Hand hat mich gemacht und bereitet. Unterweise mich, dass ich Deine Gebote lerne." (Psalm 119,73)

„Ihr werdet erkennen, dass ich in meinem Vater bin und ihr in mir und ich in euch." (Joh 14, 20)

Damals war es üblich, dass man Texte aus dem Evangelischen Gesangbuch für den Tag noch dazu auswählte, und so lautete meiner:

„Heiliger Geist, regier und leite meinen Gang, dass ich nicht gleite. Gib mir Lust und Kraft dazu, dass ich Gottes Willen tu."

Später im Laufe meines Lebens bin ich zu der Überzeugung gelangt, dass es keine Zufälle gibt. Gotthold Ephraim Lessing hatte es so formuliert: „Das Wort Zufall ist Gotteslästerung. Nichts unter der Sonne ist Zufall; – am wenigsten das, wovon die Absicht so klar in die Augen leuchtet." Diese Bibelverse zu meinem Geburtstag werden sich jedenfalls in und über meinem Leben bewahrheiten.

Natürlich empfing mich damals auch mein sechs Jahre älterer Bruder Erich. Später gesellten sich noch weitere zwei Jungs zu uns: 1956 Siegfried und 1958 mein jüngster Bruder Kurt, genannt Kuddel.

Meine Eltern hatten, wie bei allen ihren Söhnen, großen Wert darauf gelegt, dass sie kindgetauft wurden. So wurde also auch ich getauft. Dazu reiste meine Patentante Brigitte, die Cousine meiner Mutter, extra aus Berlin an. Sie wurde gebeten, dass sie für mich etwas Hübsches zum Anziehen mitbringt. Insofern war es sehr wichtig, dass sie dabei war.

Der Schlosserei-Inhaber Otto Rieth starb schon 1952. Da sein Sohn und mein Vater Kurt zwar ausgebildet, aber keine Erfahrungen in der Schlosserei hatte, wurde diese Schlosserei nicht weitergeführt. So nahm mein Vater eine Stelle als Schlosser und Hausmeister im Kreiskrankenhaus im östlich von Blankenhain gelegenen Egendorf an. Meine Mutter arbeitete als teilausgebildete Krankenschwester – eine sogenannte Halbschwester - hauptsächlich im Nachtdienst im selben Teil der Kreiskrankenhaus-Anstalten in Egendorf. Dort wurden vorwiegend Kinder und Jugendliche mit Behinderungen behandelt. Nach Egendorf waren es nur zwei Kilometer, die meine Eltern gut mit den Fahrrädern zurücklegen konnten.

Obwohl meine beiden Eltern arbeiten gingen, hatten wir anfangs nicht besonders viel Geld. Denn sowohl Halbschwester als auch Hausmeister waren nicht so üppig bezahlte Arbeiten. Aber uns ging es trotzdem gut, wir hatten alles, was wir brauchten.

Unser Haus hatte vorne an der Straßenseite einen Laden, in dem damals mein Großvater Otto Rieth seine Schlossereiwaren angeboten hatte. Dahinter war die große Werkstatt mit Hammer und Amboss und Schmiede. Da nach dem Tod von Otto die Schlosserei durch meinen Vater nicht weitergeführt wurde, war der Laden später an die HO (Handelsorganisation) vermietet. Die Werkstatt blieb aber als unsere Haus- und Hofwerkstatt noch bestehen, so dass ich diese gut gekannt habe.

Das Haus selber war relativ klein, auch die einzelnen Räume. In der ersten Etage gab es ein kleines Wohnzimmer – die gute Stube, das Schlafzimmer meiner Eltern und die Küche. Unter dem Dach hatten die Jungs ein Zimmer. Außerdem lebten in dem Haus noch meine Großmutter (die Frau von Otto) mit ihren beiden Schwestern, die in der ersten Etage ihr kleines Schlafzimmer hinter der Küche hatten. Ihre Küche und das Wohnzimmer waren unten im Haus. Die Toilette befand sich auch unten, später haben wir oben noch ein kleines Bad einbauen können. Alles war doch sehr beengt, bis wir in den 1970er Jahren einige An- bzw. Umbauten durchführen konnten, auch mit der Unterstützung meiner lieben Patentante Brigitte und Onkel Hans aus Berlin.

In der Küche war der große Esstisch mit der hölzernen Eckbank. Dort gab es abends gegen achtzehn Uhr immer gemeinsames Essen. Zum Frühstück war es wegen der Schichtarbeiten meist nicht möglich, dass wir alle gemeinsam aßen.

In einem kleinen Garten hatten wir etwas Gemüse angebaut sowie Hühner und Karnickel gehalten. Viel Unterstützung bekamen wir von Oma und Opa aus Gotha.

Da meine Mutter bald wieder arbeiten ging, kam ich mit ca. einem Jahr in die Kinderkrippe und später in den Kindergarten des Kreiskrankenhauses. Wenn es dann mal Grießbrei im Kindergarten gab, dann hatte ich immer die Backen voll gebunkert mit Grießbreikugeln. Nein, das tat ich nicht etwa, um das gute Zeugs aufzuheben wie ein Hamster, sondern einfach, weil ich das nicht runterschlucken konnte.

An den Kindergarten habe ich nur eine einzige schlechte Erinnerung. Mit einer der Kindergärtnerinnen kam ich nicht so zurecht, wahrscheinlich war ich mal frech gewesen. Sie hat mich daraufhin weggesperrt in so einen dunklen Gang, wo die Treppen runtergingen, und sie hat die Tür oben zugemacht. Da stand der kleine Helmut im Dunkeln im Verließ und fühlte sich verlassen.

Als Kind war ich gern in Egendorf, denn mein Vater hatte dort seine Werkstatt und auch einen Kollegen, der Tischler war. Und so konnte ich dort vieles Handwerkliche ausprobieren.

Als Kinder wurden wir oft in den Wald geschickt – nein, nicht wie Hänsel und Gretel in dem Märchen - sondern um Pilze oder vorzugsweise Heidelbeeren zu sammeln. So ein Zwei-Liter-Eimer Heidelbeeren konnte für fünf Mark verkauft und dafür zwei Stück Butter erworben werden. Leider hat es lange gedauert, bis so ein Eimer voll war, denn ich konnte unerklärlicherweise nur mit einer Hand pflücken. Da mein ältester Bruder Erich bereits in Gotha wohnte, war ich für meine beiden jüngeren Brüder Siegfried und Kuddel verantwortlich, die nicht immer viel Lust zum Beerenpflücken hatten. So mussten wir ziemlich früh mithelfen, aber das war in Ordnung. Wir waren jedenfalls gern im Wald. Manchmal war auch unser Vater mit dabei. Im Winter fuhren wir Ski, bauten eine kleine Schanze und hatten unseren Winterspaß.

Zu unseren Eltern hatten wir eine sehr enge Beziehung, sie nahmen sich viel Zeit für uns. Wir lebten beengt und - wie man so sagt - in bescheidenen Verhältnissen, aber Bescheidenheit ist eine Tugend, an der nichts auszusetzen ist. Ich bin meinen Eltern für meine schöne Kindheit sehr dankbar. Wir waren kaum in den Urlaub weggefahren, weil dafür das Geld zu knapp war, aber wir haben gemeinsam viele wunderbare Wanderungen oder Radtouren gemacht.

Meine Eltern und wir haben trotz der erwähnten bescheidenen Verhältnisse gern gefeiert. Zu meinen Geburtstagsfeiern durfte ich alle meine Freunde einladen – und ich hatte viele Freunde. Auch die Weihnachtsfeiern meiner Familie waren immer besonders schön. Es gab trotz des wenigen Platzes natürlich immer einen Weihnachtsbaum mit echten Kerzen und Lametta. Es war richtig schön. Auch Ostern war immer ein wunderbares Fest für die Großfamilie, die in Blankenhain zusammenkam. Karfreitag und Ostersonntag waren wir immer in der Kirche. So richtig bewusst wurde mir das Osterfest allerdings erst in meinem Konfirmationsunterricht.

Meine Mutter und auch meine Oma hat mit uns am Abend oft gebetet:

„Ich bin klein, mein Herz ist rein,
soll niemand drin wohnen als Jesus allein.
Müde bin ich, geh zur Ruh, schließe meine Äuglein zu.
Hab ich Unrecht heut getan, sieh es, lieber Gott, nicht an.
Deine Gnad´ und Jesu Blut macht ja allen Schaden gut."

Zu meinem Opa Paul aus Gotha hatte ich eine besonders innige Beziehung. Er kam zu den großen Familienfeiern immer mit seiner Frau Herta, blieb aber höchstens für eine Nacht in dem Haus in Blankenhain, weil es ihm dort zu eng war.

Da wir vier Brüder waren, hat er darauf bestanden, dass wir alle Skat spielen lernen. Wir haben dann später auch um Geld gespielt. Opa hatte jedem zwei Mark Startkapital gegeben, und so war der Anreiz zum ordentlichen Reizen und somit zum guten Skatspiel auf jeden Fall gegeben. Wenn kein Geld mehr hatte, musste als Spieler aussteigen. Trotzdem hat das Opa Paul nie wegen des materiellen Vorteils gemacht, sondern um Spaß an der Freude zu haben.

Als Siebenjähriger wurde ich 1961 eingeschult. Die Grundschule befand sich in der am Anfang erwähnten Fasoltschen Villa des ehemaligen

Porzellanmanufakturbesitzers, welcher Ende der 1940er Jahre allerdings enteignet wurde. Das waren noble Räume und ein schöner Schulhof war auch dabei. Und auch meine Grundschullehrerin, Frau Semsch, war ganz toll. Sie mochte mich und ich mochte sie. Sie war selbst auch Zwangsausgesiedelte und hatte deshalb ein besonderes Verständnis für Kinder aus solchen Familien. Für die Pause hatte ich nur Fettbrot, die anderen Kinder hatten Brot mit Butter und Wurst drauf. Frau Semsch lud mich immer mal zu sich ein und dort gab es auch ab und zu ein Stück Kuchen. Die Schule war jedenfalls für mich nicht anstrengend, das Lernen fiel mir irgendwie zu. Ich genoss eine sehr gute, fundierte Grundausbildung in Lesen, Schreiben und Rechnen. Die Klassen bestanden aus höchstens zwanzig Schülern und wir saßen in diesen hölzernen Dreier-Schulbänken mit hochklappbaren Sitzen. Anfangs schrieben wir noch auf Schiefertafeln. Wenn ich da mal nicht mit dem Griffel, sondern mit den Fingern direkt draufkam, kratzte das immer so komisch – oh, das konnte ich gar nicht gut hören – da zieht es mir jetzt noch alles zusammen, wenn ich nur daran denke.

Im Alter von sieben Jahren schon durfte ich lernen, Akkordeon zu spielen. Der private Musiklehrer Herr Möller wohnte im Schloss und der 45-Minuten-Unterricht für mich kostete drei Mark in der Woche, was damals viel Geld für uns war. Zwei Jahre nach mir lernte auch Kuddel Akkordeon. Mein Opa Paul und meine Oma Herta Korth aus Gotha hatten mir ein kleines vierzig-bässiges Akkordeon geschenkt. Mein Opa hatte mir versprochen: „Wenn Du in zwei Jahren immer noch Akkordeon spielst, dann bekommst Du ein großes." Er hielt sein Versprechen.

Schon mit neun Jahren durfte ich das erste Mal auf der Bühne stehen, denn in unserem Kurstädtchen waren immer wieder FDGB-Urlauber (Freier Deutscher Gewerkschaftsbund), die aller zwei Wochen wechselten. Wir haben landläufig FDGB mit „Feine Damen Gehen Baden" übersetzt. So wirkten wir also aller vierzehn Tage bei einem Begrüßungsprogramm für die neuen FDGB-Urlauber mit wie

Bild privat v.l.n.r.: Gerald Kalbas, Helmut Rieth, Jutta Schmied, Bernd Sturm

auch an den Verabschiedungsabenden. Ein Männerchor hat dabei ebenfalls mitgewirkt, in welchem mein Vater mitgesungen hatte.

Wir waren erst ein Akkordeontrio mit Jutta Schmied aus meiner Schulklasse, ihr Cousin Bernd Sturm und mir. Als dann Gerald Kalbas noch dazu kam, waren wir logischerweise ein Quartett. Unser Akkordeonlehrer Herr Möller wählte das Programm aus und komponierte zum Teil auch extra für uns. Anfangs hat er uns dirigiert, aber bald sind wir gut alleine zurechtgekommen. Wir haben meist Volksmusik gespielt, selbstverständlich vieles von dem allseits bekannten Thüringer Volksmusikanten Herbert Roth. Das Schlusslied war dann immer ein von Herrn Möller geschriebenes Lied über unser Blankenhain:

„Es ist so schön in Blankenhain, möcht immer gerne bei dir sein,
die Wiesen und die Felder, die weiten grünen Wälder,
und muss ich einmal von dir gehen, sag ich ganz leis auf Wiedersehn,
im Herzen bin ich Dein, mein schönes Blankenhain."

Zum Lindenfest als Jahreshöhepunkt im Lindenstädtchen Blankenhain durften wir dann auch im Lindenpark auftreten. Da waren ca. 2000 Besucher da. So haben wir nach und nach Bühnenerfahrungen gesammelt, die später wichtig werden sollten.

Meine Eltern ermöglichten mir also eine gute musikalische Ausbildung. Mit dem von Opa Paul geschenkten Akkordeon hatte ich mir die musikalische Welt der Bühne ein wenig zu eigen machen können.

Später wurde das FDGB-Ferienheim „Zum Güldenen Zopf" renoviert. Der nur etwa zehn Jahre ältere Leiter dieses Ferienheimes, Peter Gelau, wollte danach die Begrüßungsabende etwas moderner gestalten und mit Bewegung – also Tanzen – auflockern. Er war selber Gitarrist und hatte auch einen Schlagzeuger rangeholt. Unser Akkordeonquartett hatte sich umstrukturiert. Ich hatte inzwischen Gitarre gelernt und hab dazu gesungen, auch Jutta war dabei. Gemeinsam spielten wir Schlagermusik und wir traten unter anderem auch beim sogenannten Tanztee immer sonntags fünfzehn Uhr im Schloss Blankenhain auf.

Nach der Grundschule war ich die nächsten vier Jahre an der POS (Polytechnische Oberschule) namens Friedrich Leßner in Blankenhain. Dieser Mann erlangte seine Bedeutung dadurch, dass er in London das Kommunistische Manifest von Karl Marx zur Druckerei getragen hat.

Meine Eltern wollten wenigstens einem ihrer vier Söhne ein Studium ermöglichen. Daher war ich meinen Eltern zuliebe einige Kompromisse eingegangen. So gab es eben die Zweigleisigkeit mit einerseits Kindstaufe und Religionsunterricht und später die Konfirmation, aber andererseits und gleichzeitig auch die Mitarbeit in der Pionierorganisation bis hin zur Jugendweihe. Es war damals in der DDR so, dass man ohne die Jugendweihe kein Abitur machen durfte. Und ohne Abitur war kein Studium möglich, also musste offiziell „mitgeschwommen" werden. So war ich dann auch Gruppenratsvorsitzender bei den Pionieren und hatte so Verantwortung für meine Mitschüler übernommen. Dadurch war ich bei den Lehrern bis zu einem gewissen Grad und vor allem bis zu einem bestimmten Zeitpunkt respektiert. Dieser bestimmte Zeitpunkt nahte unwissentlich und völlig absichtslos im Frühjahr 1968 in meiner achten Klasse.

Ich hatte also aus zukunftsorientierten Überlegungen heraus die staatliche Jugendweihe und die kirchliche Konfirmation. Der Konfirmationsunterricht fand nach der Schule einmal wöchentlich bei unserem Pfarrer statt, insgesamt zwei ganze Jahre lang. Wir waren dort eine Gruppe von ca. zwölf Jugendlichen. Als Abschluss gab es in Eisenach eine Woche lang eine Jungschar-Rüstzeit, zu der aber nur sehr wenige aus meiner Blankenhainer Konfirmandengruppe dabei waren. Die meisten der Jugendlichen dort auf dem „Falkhof" in Eisenach gegenüber der Wartburg kannte ich nicht.

Ich habe mich dort wohlgefühlt, es war eine dufte Gruppe. Auch wenn ich kaum jemand kannte, fühlte ich mich sofort wohl. Im Innenhof des Falkhofes stand ein Kreuz aus Birkenholz. Wir haben zusammen gesungen. Mir gefiel die liebevolle und freundliche Atmosphäre - man hat sich gegenseitig be- und geachtet. Auch habe ich dort die ersten Bibelarbeiten mitgemacht, die mich auch berührt hatten wie keine bis dahin. Ich kannte zwar die Bibel, aber dort in dieser Woche erkannte ich sie als Wort Gottes. Es hat mich aufgeschlossener gemacht und angeregt, anders zu denken. Wenn Gott mein guter Hirte ist, bin ich ja sein Schaf. Also muss es da eine Beziehung geben zwischen dem guten Hirten und mir als Schaf. Für mich war diese Jungschar-Rüstzeit der Beginn, Gottes Wort ernst zu nehmen und zu leben, weil ich in dieser Woche bemerkt hatte, dass da mehr ist, als man sieht oder begreift. Zum ersten Mal in meinem Leben verspürte ich eine Verbundenheit in Liebe, die nur Gott schenken kann. Ich war voll des Glückes.

Irgendjemand muss mich verpetzt haben, denn ich wurde gleich nach der Rückkehr aus Eisenach zum Direktor meiner Blankenhainer Schule bestellt. Anwesend waren außerdem der FDJ-Sekretär (Leiter der staatlichen Jugendorganisation „Freie Deutsche Jugend"), der Pionierleiter und der Parteisekretär der SED (Sozialistische Einheitspartei Deutschlands) und die FDGB-Chefin. Fünf Erwachsene gegen einen kleinen Jungen. Dort wurde ich reichlich madig gemacht. „Wie ich denn dazu käme, einfach so etwas zu machen. Du solltest dich schämen. So wirst du nie studieren können …" und viele ähnliche unerfreulich-verängstigende Sätze sind dort auf mich eingeprasselt. Ich hatte danach auf dem Heimweg geheult wie ein Schlosshund, denn ich sah wirklich meine ganze Zukunft verbaut oder eher versaut. Für sie alle war ich nicht linientreu und das musste bestraft werden. Kein Abitur, kein Studium. Ich spürte, wie sehr ich damit meine Eltern und meine Großeltern mit ihrem Wohlwollen für mich enttäuschen würde. Ich war völlig fertig. Innerhalb dieser zwei Tage war ich ganz oben und ganz unten – erst voll des Glückes und dann tief verzweifelt und unglücklich. Auch der Pastor wurde zur Schulleitung einbestellt und beschimpft, wie er denn meine Zukunft so verbauen könnte, indem er mich zur Rüstzeit hatte fahren lassen. Mein Vater hat dann nicht so mit sich reden lassen. Der Pastor schaltete dann die Kirchenleitung ein und über schwirige Wochen hinweg glätteten sich die Wogen langsam. Das war eine ganz üble und schreckliche Erfahrung für mich, dass ich das, was ich im Falkhof erlebt und seitdem im Herzen hatte, nicht leben konnte. Und auch dass sich plötzlich die Schulleitung von mir distanzierte, war mir unbegreiflich, denn ich hatte doch nichts falsch gemacht, oder doch?!

Mein Klassenlehrer Horst Brotmeyer hatte nur äußerlich und vor allem systemerzwungen den Anschein gegeben, sich von mir distanziert zu haben. Er war mir ein gutes Vorbild, wir hatten eine Beziehung mit großem Vertrauen. Er hat mir immer wieder gesagt: „Helmut, du bist geboren, um Lehrer zu werden!" Auch durch diese Vorfälle nach dem Falkhof-Besuch hat er sich von mir innerlich nicht getrennt.

Im August 1968 hatte ich eine Klassenfahrt nach Prag während der Dubček-Ära. Seit dem Frühling wurde der „Brief der 2000 Worte" veröffentlicht, auch auf Deutsch. Dieser Brief legte die Eckpunkte einer Erneuerung des Sozialismus „mit menschlichem Antlitz" und den Aufbruch in eine freiere Gesellschaft dar. Das hat mich interessiert und ich habe auch unterschrieben, zum Teil aus jugendlichem Opportunismus. Es hat mich bewegt und gestört, dass die Sowjets mit ihren Panzern einrücken wollten. Und sie kamen auch, mit Zügen haben sie über Nacht die Panzer in die Innenstadt von Prag gebracht. Am 20. August 1968 sind wir als Klasse mit dem Zug zurückgefahren. Am nächsten Tag standen die Sowjets tatsächlich mit ihren Panzern auf dem Wenzelsplatz im Prager Zentrum. Mit einem Mal war meine Gedankenblase der DSF (Deutsch-Sowjetischen Freundschaft) und einiges mehr zerplatzt. Wir hatten über die DSF Brieffreundschaften und so weiter, aber das war danach nichts mehr für mich. Ganz schlimm und beängstigend war es für mich auch, dass unsere NVA (Nationale Volks-Armee) Gewehr bei Fuß stand. Bei unserer Einreise in die DDR direkt an der Grenze im Elbtal konnten wir sehen, wie dort Panzer und Kriegsgerät aufgereiht waren. Ich war zutiefst erschrocken. Das war Kriegszustand für mich. Das war mein Prager Frühling 1968 – die Erneuerungsgedanken von Dubček seit dem Frühjahr und das jähe Ende der Bewegung durch die sowjetischen Panzer am 21. August in Prag.

3. Kanin und die andere Heimat - 1969

1969 hatte ich als Fünfzehnjähriger eine Klassenfahrt an den polnischen Ostseestrand nach Swinemünde. Damit ging es für mich in die Heimat, die ich gar nicht kannte, aber von der mir Opa Paul viel erzählt hatte. So bekam ich im Geheimen von ihm den Auftrag, unbedingt von ihrem alten Gehöft in Pommern die Hochzeitsbilder aus der Heimat zu holen. Na, diese Freude wollte ich meinen Großeltern genauso und unbedingt machen. Für meinen Opa hätte ich alles gemacht.

Ich hatte zu meinem Opa Paul eine ganz besonders innige Beziehung. Er musste im ersten und im zweiten Weltkrieg kämpfen und konnte viel erzählen, auch aus seiner Heimat und von einigen übernatürlichen Erfahrungen, die er gemacht hatte. Wenn ich als kleines Kind manches Mal in seinem Arm lag, seinen spannenden Erzählungen lauschte und dabei in den Sternenhimmel blickte, dann war das ein Höchstmaß an Geborgenheit, wie bei einem großen Vater, vielleicht sogar ähnlich wie beim Himmlischen Vater. Zumindest hat mein Opa durch seine liebevollen Erzählungen eine Sehnsucht in mir geweckt, dass es da oben noch mehr geben muss – die Sehnsucht nach einem väterlichen Gott im Himmel.

Bild: Oma Herta und Opa Paul Korth, aus Kanin (Quelle privat)

Mein Opa Paul war kein großer Kirchgänger, auch meine Oma Herta nicht. Sie hat immer sonntags das (West-)Radio angestellt, somit regelmäßig die Gottesdienste gehört und viel in der Bibel gelesen. Mein Opa hatte trotzdem ein klares Gottesverständnis, eher aus der Natur heraus, wo er den Schöpfergott und dessen Kraft immer wieder bemerken konnte. Das war sehr inspirierend für mich.

Meine Ferien verbrachte ich gern bei meinen Großeltern in Gotha. Ich half dort dabei, den Schweinestall und auch den Pferdestall auszumisten. Opa Paul hat mich auf dem Kutschbock mitgenommen. Auch Reiten konnte ich ein wenig lernen. Gotha hat mir auch deshalb gefallen, weil ich den Eindruck bekam, dass es noch etwas Größeres gibt als mein kleines Heimatstädtchen Blankenhain. In Gotha gab es immerhin schon Straßenbahnen, mit denen ich auch gern hin- und hergefahren bin.

Opa Paul hat immer von Pommern als seiner Heimat gesprochen. Dieser Hof dort wurde ihnen 1945 weggenommen – zwangsenteignet - und an Polen gegeben, die von Stalin dahin zwangsumgesiedelt wurden. So lebten also die früheren Besitzer mit den neuen polnischen Eigentümern über ein Jahr zusammen auf dem Hof. In diesem speziellen Falle lebten die beiden Familien doch recht gut zusammen. Die Deutschen kümmerten sich um den Sohn der Polen. Und als die Russen kamen, versteckten die Polen das junge deutsche Mädchen Ilsa vor ihnen in der Jauchegrube. Trotzdem mussten die Deutschen dann gehen und die Polen bleiben – beide wollten es nicht so recht. Die Deutschen hatten gehofft, doch bleiben zu können, und die Polen hatten gehofft, doch wieder in ihre wirkliche Heimat zurückgehen zu können.

So reiste ich von Swinemünde allein die 350 Kilometer über Stettin in Richtung Danzig. Aus unerfindlichen Gründen hatte mir mein Klassenlehrer sozusagen zwei Tage freigegeben, ich musste nur bis zur Abreise der Klasse wieder zurück sein, das war jedenfalls die einzige Bedingung. Denn ohne mich, der ich mit auf der Klassenliste stand, wäre die ganze Klasse nicht wieder aus Polen rausgekommen.

Ich fuhr also früh um sieben Uhr mit dem Bus los in Richtung Danzig, immer schön an der Ostsee lang bis Darlowo/Rügenwalde genau zwischen Swinemünde und Danzig. Von dort musste ich irgendwie südöstlich weiter nach Kanin, wobei sich in der Karte drei verschiedene Orte mit fast demselben Namen befanden. In Rügenwalde hat mich allerdings erstaunlicherweise jemand auf Deutsch angesprochen und mich in einen Bus gesetzt, der bis Slawno / Schlawe fuhr. Von da fuhr der nächste Bus zum Kaniner Kreuz und das kannte ich aus den Erzählungen meines Opas. Also dachte ich, dass ich dann gleich da bin. Den Rest musste ich laufen, aber ich wusste ja immer noch nicht, welches der drei Dörfer nun das richtige Dorf ist.

Es war, als hätte ich einen Zeitsprung in genau die Zeit gemacht, als mein Opa über zwanzig Jahre zuvor dort lebte. Es war dort eine ärmliche Gegend, Pferdefuhrwerke waren unterwegs, eben so wie früher. Also wanderte ich die Straße entlang. Irgendwann kam mir ein altes Mütterchen mit einem Krückstock und einem Korb auf dem Rücken entgegen. Ich habe sie trotzdem in Deutsch angesprochen und nach dem Ort Kanin gefragt. Als diese alte Frau gemerkt hatte, dass ich deutsch sprach, nahm sie ihren Krückstock hoch, schlug auf mich ein und schrie „Du nemetzki Faschist! Du nemetzki Faschist!" Ich war sowas von erschrocken und rannte so schnell und so weit ich konnte einfach weg. Dann fiel ich kraftlos in den Straßengraben und habe nur noch geweint. Ich war fertig, durch Mark und Bein erschüttert von dieser fürchterlichen Begegnung. Und ich konnte nur noch weinen.

Doch mit einem Mal spürte ich einen tiefen inneren Frieden, so als hätte sich ein Licht über mich gesetzt, das heller war als die untergehende Sonne. Ich bekam ein starkes Glücksgefühl und wusste, dass ich hier doch richtig bin. Dann hörte ich eine Stimme, die zu mir sagte: „Steh auf! Steh auf und lauf!" Und ich stand auf und lief und lief.

So erreichte ich in der Dämmerung Kanin, jedoch nicht von der Seite, von welcher mein Opa es immer beschrieben hatte. Ich suchte den

Ort ab - mal hier, mal da - bis ich ein großes Scheunentor sah, das mich wie magisch anzog, auch wenn ich nicht beschreiben kann, wie und warum das so war. Mit meiner nicht so alten negativen Erfahrung öffnete ich ganz zaghaft die kleine Tür in dem großen Scheunentor. Im Hof stand ein Bauer mit einer Mistgabel und sah mich an. Da schloss ich die Tür schnell wieder, weil ich Angst hatte, dass nun der nächste auf mich losgehen würde. Aber ich blieb in vorsichtiger Entfernung zum Scheunentor stehen. Die kleine Tür öffnete sich ganz langsam, der Mann schaute heraus und kam ohne die Mistgabel auf mich zu. Er strich mir meine langen, lockigen Haare aus dem Gesicht. Dabei hatte ich mich nicht gerührt, ich war wie erstarrt. Dann schaut er mich an und sagt: „Du Ilsa Matka Sün" (Du bist deiner Mutter Ilsas Sohn). Und damit hatte er mich wirklich erkannt! Erleichtert sagte ich „Ja" und wir lagen uns in den Armen. Er sagte: „Kommen, kommen" und ich hatte keine Angst mehr. Es war der polnische Bauer Jendraschik, der den Hof meines Opas übernommen hatte und mit seiner Familie ein Jahr dort zusammenlebte. Er sagte auf dem Nachbargrundstück Bescheid und sofort war mein Erscheinen dorfbekannt. Das gab ein lautes Hallo, wobei Hallo nicht direkt dabei war, aber es war wohl so gemeint. Sogleich wurde ein Huhn geschlachtet und ein kleines Fest vorbereitet, denn ich war irgendwie der nach Hause gekomene, verlorene Sohn, obwohl sie nur meine Mutter als junges Mädchen und ihre Mutter Herta sowie ihre Schwiegereltern kannten.

In dem Haus war alles so, wie es mir mein Opa Paul beschrieben hatte. Die Hochzeitsbilder von ihm und seiner Frau Herta hingen an der Wand, der Volksempfänger (ein Radioapparat) stand im Schlafzimmer. Ich legte mich in die Bettwäsche mit den HK-Initialen meiner Oma Herta Korth, und in der Küche hing das Schild „Eigner Herd ist Goldes wert." Das war wirklich ein Zeitsprung für mich.

Obwohl es dämmerte und die Festvorbereitungen im Gange waren, ging ich mit meinem Fotoapparat durch das Dorf, um ein paar Fotos für meinen Opa zu machen. Da kam plötzlich ein Geländewagen der Miliz auf mich zu und die drei Leute schnappten mich so schnell, dass ich gar nicht wusste, was los ist. Zack und ich wurde hinten auf die Pritsche gesetzt und sie fuhren mit mir zwei oder drei Kilometer aus dem Dorf heraus und hielten an. Dort haben sie mich richtig verhört. Es war nur dumm, dass ich die nicht verstanden habe und die mich auch nicht. Weil ich blond war und mit meinem Fotoapparat durch das Dorf ging, haben sie mich wohl für einen schwedischen Agenten gehalten. Das alles hat mindestens eine Stunde gedauert und die haben mich auch geschlagen, so dass ich geblutet hatte. Weil sie nach der Stunde wohl nicht weiterwussten, haben sie mich zurückgefahren. Der Herr Jendraschik war nicht da, aber seine Frau war am Herd in ihrer offenen Küche. Zwei der Milizionäre brachten mich rein in den Hof. Die Frau griff eine Pfanne vom Haken und zog mich sofort hinter sich. Dann hat sie mit der Pfanne auf die beiden Milizionäre eingeschlagen und mächtig geschrien dabei. Dadurch ist der Offizier, der im Auto gewartet hatte, aufmerksam geworden, kam in den Hof hereingestürmt, hat seine Pistole gezogen und in die Luft geschossen. Dann war auch Herr Jendraschik wieder da und es gab ein langes und lautstarkes Wortgefecht. Er konnte dann auch klarstellen, wer ich bin. Trotzdem musste ich alle meine Zwölf-Bilder-Filme abgeben, außer dem Film, der in der Kamera war.

Nachdem sich alle etwas beruhigt und wir das Festmahl zu uns genommen hatten, gingen wir schlafen. Ich lag mit dem Ehepaar in einem Bett, das war schon etwas gruselig. Es waren Katholiken, sie zündeten eine Kerze an, gingen auf die Knie und beteten. Als ich früh wach wurde, war es schon hell, wurde aber mit einem Mal wieder dunkel. Als ich in die Richtung blickte, war ein riesengroßer Pferdekopf direkt vor mir, der da durchs Fenster blickte. Sofort war ich munter und stand am Bett.

Am Morgen musste ich mit dem ersten Bus wieder zurückfahren, so hatten es die Milizionäre bestimmt. Also nahm ich die Bilder, die inzwischen gut verpackt worden waren, und bedankte mich bei den

Jendraschiks. Ich wurde zum Kaniner Kreuz gebracht und fuhr auf einer anderen Strecke über Koszalin / Köslin zurück. In Köslin ging ich in die große Kirche und habe da geschluchzt, weil ich nicht wusste, wie es weitergeht von da. Ich hatte weder Kraft noch Nerven, ich wusste nur, dass die Zeit knapp wird, um pünktlich genug wieder in Swinemünde bei der Klasse anzukommen. Da tippte mich in der Kirche von hinten jemand an. Das war ein Priester, der deutsch sprach und mir wirklich in meiner Not geholfen hat. Er hat mich dann in den richtigen Bus gesetzt, der bis Swinemünde durchfuhr. Nur mit seiner Hilfe konnte ich drei Stunden vor der Abfahrt der Klasse ankommen. Der Klassenlehrer sagte nur: „Helmut, das wurde aber höchste Zeit!"

Im Nachhinein war ich mir sehr sicher, dass Gott auf der Reise immer bei mir war. Er hatte das alles sicher geleitet und geführt. Ich hätte das sonst als Fünfzehnjähriger nicht geschafft – das stand fest für mich. Es war für mich ein Wunder Gottes, eine Erfahrung mit dem lebendigen Gott, weil ich doch so unbedarft, aber voller Liebe und Gottvertrauen losgegangen bin, auch wenn ich damals das so nicht hätte ausdrücken können.

Ich war sehr froh und glücklich, als ich meinem Opa die geretteten Bilder übergeben konnte. Nur meine Eltern waren auf meinen Opa stocksauer, denn sie wussten ja nichts von dem ganzen Vorhabe. Sicher war das besser so, denn es hätte ja auch ganz anders ausgehen können. Aber ich hatte es geschafft – Gott sei Dank!

4. Bad Berka und mein Abitur - 1969

Durch meine kompromissvolle Zweigleisigkeit und die guten schulischen Leistungen durfte ich doch auf die EOS (Erweiterte Oberschule) gehen. Nun war gehen nicht ganz richtig, denn ich musste also ab der neunten Klasse 4 Jahre lang mit dem Bus zur EOS „Geschwister Scholl" nach Bad Berka fahren. Ich bekam ein extra Zimmer, welches günstigerweise ein Fenster zur Straßenseite hatte. Da die Bushaltestelle gegenüber von unserem Haus war, habe ich immer durch das Fenster den Bus bemerken können und musste mich dann entsprechend schnell auf den Weg nach unten machen. Fünf Minuten vor sieben fuhr der Bus zur Schule.

Schon in der neunten Klasse hatten wir eine Schülerband in Bad Berka an der dortigen Schule gegründet. Der Impuls zur Bandgründung ging von Ludwig Grau aus, der in dem ca. fünfzig Kilometer entfernten Dorf Großschwabhausen wohnte und deshalb im Internat der EOS untergebracht war. Er hatte aber trotzdem ein Motorrad, mit dem er kam.

Ludwig war in meiner Parallelklasse und hatte davon gehört, dass ich mit Bernd in Blankenhain eine Musikgruppe hatte. Er war Gitarrist und wollte gern mal zu unseren Proben mitkommen. Bernd hatte einen Freund - Jürgen Döbrich, der gern Schlagzeug bei uns spielen wollte. Der noch fehlende Bassgitarrist kam in Gestalt von meinem Mitschüler Andreas Hoffmann aus Kranichfeld bald danach auf mich zu. Wir haben uns nicht gesucht und doch gefunden. Es wurde so geführt, dass wir uns einander begegneten. Das war sicher kein Zufall – das sollte mit Gottes Hilfe genauso kommen.

So haben wir einfach im Schloss Blankenhain angefangen zu proben, denn die dortigen Proberäume durften wir nutzen. Im Schloss war nach einigen Monaten auch unser erster Auftritt zu den Urlauberbegrüßungsabenden, bei denen ich vorher bereits mit dem Akkordeonquartett aufgetreten war. Ich kannte also das ganze Drumherum schon.

26 Bild v.l.n.r.: Bernd Sturm, Ludwig Grau, Andreas Hoffmann, Helmut Rieth, Jürgen Döbrich (Bildquelle privat)

Wir nannten uns Jugendtanzkapelle „PULSARE". Bernd hatte sich viel mit Astronomie beschäftigt, mit schwarzen Löchern und den pulsierenden Sternen im Weltraum und hat somit den Namen gegeben. Vom Tonband haben wir die Lieder abgehört und entsprechend nachgespielt, denn Noten gab es keine. Am Anfang haben wir noch mit Röhrenradios gespielt, denn wir hatten ja keine ordentliche Technik. Es funktionierte irgendwie, klang ganz gut und war schön laut.

Wir haben vor allem Lieder wie „The House of the Rising Sun" nachgespielt - es war die grandiose Zeit der Beatles und der Stones, aber auch gute deutsche Bands wie Karat, Renft und natürlich Ute Freudenberg mit ihrer Band aus Weimar - sie alle waren unsere Vorbilder.

Meine Schulfreundin und spätere Thüringer Ministerpräsidentin Christine Lieberknecht erklärte mir im Nachhinein den Namen „Pulsare" wie folgt:

„Der lateinische Name bedeutet so viel wie „heftiges klopfen" oder auch „erschüttern" im Sinne von „bewegen". Helmut wusste, dass ein Überschreiten der engen sozialistischen Vorgaben, und sei es nur durch „unangepasste" Musik, Ärger provozierte. Ich bewunderte die Furchtlosigkeit, mit der Helmut und seine Freunde die vorhandenen Spielräume austesteten und nutzten. Mich ermutigte das Beispiel der „Pulsare" zur Solidarität und Sympathie mit den Mutigen an unserer Schule."

Ich hatte eine freundschaftliche Beziehung, einen Draht zum Kulturdirektor meiner Heimatstadt Blankenhain, der uns unterstützen wollte. Mit ihm waren wir in Leipzig im Astoria-Hotel, wo er Musiker kannte, die billig einen begehrten Regent 30H (ein 30-Watt-Verstärker, wobei H für Hall steht) veräußern wollten und die Stadt Blankenhain finanzierte es sogar ! Effekte und Verzerrer haben wir mit dem Bruder von Ludwig, der Physik studierte, selbst gebaut.

Wir probten einmal wöchentlich. Danach musste Ludwig immer bis 22 Uhr wieder im Internat sein, was er selten pünktlich geschafft hat. Wir waren der Schulleitung eh ein Dorn im Auge, denn sie wussten, dass wir Westmusik gespielt hatten. Offiziell musste in allen Auftritten mindestens 60% Ostmusik dabei sein. Durch Nichtganzeinhaltung haben wir uns zweimal ein Auftrittsverbot eingehandelt und verschiedene Auflagen bekommen. So wurde für jeden von uns ein Jahr Musikschule finanziert, damit wir die Instrumente ordentlich lernen, um ordentliche Musik machen zu können. Und das war doch ganz gut so, denn wir haben wirklich einiges dazulernen können.

Jedenfalls musste Ludwig 1972 wegen mehrfachen Zuspätkommens und anderer kleinerer Aufmüpfigkeiten das Internat verlassen. Das hat Ludwig doch sehr getroffen. Als ich meinen Eltern von dem Drama erzählte, dass nun Ludwig die Schule verlassen müsste und unsere Band am Ende wäre, schaute meine Mutter meinen Vater an und sagte: „Jetzt haben wir vier Söhne durchgekriegt, da kommt es auf einen fünften jetzt auch nicht mehr an!" Und so sollte und durfte Ludwig in mein Zimmer einziehen und sowohl sein letztes Jahr zum Abitur als auch unsere Band waren gerettet.

Wir waren inzwischen als Amateurband Stufe Drei - die höchste Stufe - eingruppiert und konnten so gutes Geld für unsere Auftritte verlangen. Wenn die Kasse gefüllt war, gab es so aller zwei Monate eine schöne Bandparty im Schlosskeller mit Freunden und Freundinnen und sogar unserem Fanklub. Immerhin waren wir als PULSARE im ganzen Kreis Weimar gut bekannt, wir gaben Konzerte bis hin nach Rudolstadt oder fast bis Eisenach. Wir hatten den Puls an der Zeit und es hat einen Riesenspaß gemacht.

Mein Abitur habe ich gut geschafft, ich hatte nur in Chemie eine Drei, sonst Zweien und Einsen. Der Chemielehrer hatte mich wohl so auf dem Kieker, dass er mich auch noch zur mündlichen Prüfung vorgeladen hat. So musste ich also wirklich und unbedingt noch eine Menge lernen. Einer meiner besten Freunde war Chemieprofi und lud mich für drei Tage zu sich ein, um mich auf die Prüfung vorzubereiten. Das war ein kleines Wunder für mich, denn ich war ich gut vorbereitet. Da mein Freund auch Christ war, haben wir sogar gebetet. Und so hat Gott scheinbar Hirn vom Himmel regnen lassen und ich hatte wirklich eine Eins in der mündlichen Abiturprüfung in Chemie. Gott sei Dank! Es war eine eindrückliche und befreiende Erfahrung, die mir zeigte, dass Gott Gebete erhört. Ich war sehr froh und dankbar für diesen Beistand.

Ludwig war inzwischen wie ein Bruder für mich geworden. Es war für uns beide eine bereichernde Beziehung. Wir verbrachten zusammen Zeit in der Schule sowie in der Band und lebten in einem Zimmer. Ludwig war ebenfalls Christ. Selbst in der Freizeit waren wir gemeinsam unterwegs, zum Beispiel mit den Motorrädern und meinem Bergzelt in der Mala Fatra oder auf einer Rundreise durch die DDR. Unsere Eltern hatten sich bekannt gemacht und gut verstanden. Gott lebt in Beziehungen.

In der DDR-Zeit war der Armeedienst verpflichtend - achtzehn Monate

Bild: Beste Freunde: Ludwig (rechts) und ich vorm Bergzelt auf unserer Motorradtour in die Mala Fatra (Bildquelle privat)

Grundwehrdienst war das Minimum. Ein ungeschriebenes Gesetz besagte allerdings, dass man mindestens drei Jahre Wehrdienst absolvieren sollte, wenn man studieren wollte. Das Wehrkreiskommando der NVA hatte mich zur Musterung nach Weimar eingeladen. In dieser Musterungskommission saß auch ein ehemaliger Häftling des Nazi-Konzentrationslagers (KZ) Buchenwald, was mir doch sehr nahe ging. Ich wurde natürlich bearbeitet, dass ich mich für die drei Jahre Wehrdienst entscheide und an der Grenze mit dem in aller Munde vorhandenen, jedoch scheinbar nicht offiziellen Schießbefehl Dienst tue. Aber das ging gar nicht für mich. Ich wollte nur das Mindestmaß von achtzehn Monaten als Grundwehrdienst dort sein. Dieser KZ-Überlebende wurde plötzlich sehr streng und laut. Er sagte direkt zu mir: „Für Sie bin ich ins KZ gegangen! Und Sie sind nicht mal bereit, Ihrem Land drei Jahre zu dienen? Und mit dieser Einstellung wollen Sie studieren?" Auf derart unschöne Weise wurde damals Druck ausgeübt. Aber ich blieb standhaft bei den achtzehn Monaten Mindestwehrdienstzeit und habe mich nicht zu mehr verpflichtet. Ob ich so zum Studium käme, war zu diesem Zeitpunkt völlig offen.

Den Sommer 1973 nach dem Abitur musizierten wir mit PULSARE noch etwas weiter. Danach hatte ich mit Ludwig eine anderthalbmonatige, gemeinsame Kellnerzeit in Boltenhagen an der Ostsee, bis wir dann zur NVA (Nationale Volksarmee) eingezogen wurden. Auch das war nicht normal und ein Fingerzeig Gottes, dass mein Fastbruder und bester Freund Ludwig und ich im Grundwehrdienst an denselben Standort bei Potsdam gekommen sind. Dort waren die drei „Meere": Sandmeer, Kiefernmeer, „Nichtsmehr". Die ersten sechs Wochen waren für mich sehr hart und schwer. Damals hatte ich nicht gedacht, dass ich das überhaupt überleben würde. Aber es musste irgendwie gehen.

Später habe ich in der Combo des NVA-Singeklubs mitgespielt und so war es eine relativ gute Zeit. Wir haben auch außerhalb der Kaserne an Singeklubwerkstätten teilgenommen und waren dann plötzlich wieder draußen, hatten unser eigenes Fahrzeug mit unserer eigenen Technik. Nach einiger Zeit wurde ich sogar der Leiter von diesem NVA-Singeklub. Von meinem Vorgänger, einem gut ausgebildeten, ehemaligen Mitglied des Dresdner Kreuzchores, habe ich viel über Mehrstimmigkeit lernen dürfen. Wir musizierten außerdem als Tanzkapelle für Offiziersbälle.

Im Regimentsklub waren einmal die gut bekannten Puhdys eingeladen. Wir durften die Vorband sein. In diesen Klub passten ungefähr tausend Leute rein. Das war eine wunderbare Erfahrung für uns. Überhaupt war ich froh, dass ich in meiner NVA-Zeit diese Aufgabe und damit meine Ruhe hatte. Im Frühjahr 1975 nach achtzehn Monaten war diese Zeit vorbei.

Ich bin dann wiederum mit Ludwig in das westlichste Ostseebad Boltenhagen gegangen. Dort wollten wir Geld verdienen, denn die

Armeezeit hatte uns genug Geld gekostet. So arbeiten wir wieder für sechs Wochen als Kellner. Danach hat es uns wirklich auseinandergeführt, denn ich ging nach Jena und Ludwig nach Rostock zum Studium. Das war sehr weit auseinander und so wurde mir ein Stück Herz rausgerissen. Unsere freundschaftliche Beziehung blieb trotzdem bestehen.

Bild: Bärbel und ich zur Hochzeit 1977 (Bildquelle privat)

5. Studentenzeit und meine Bärbel - 1975

In meiner Familie war ich der einzige Sohn, der studieren konnte. Das war mir Auftrag, Verantwortung und Ansporn zugleich.

Naheliegend war, dass ich Musik studieren würde. Aber einerseits erschien mir das Musikstudium zu klassisch angehaucht und andererseits wollte ich mein Hobby doch nicht zum Beruf machen. Aber ich wollte mit Kindern arbeiten und mein Klassenlehrer Herr Brotmeyer hatte mit oft gesagt: „Helmut, Du bist zum Lehrer geboren!" Auch meine Grundschullehrerin Frau Semsch hatte eine gute Vorbildwirkung für mich. Also wurde ich tatsächlich Lehrer und begann 1975 ein Pädagogikstudium zum Diplomlehrer Deutsche Sprache, Literatur und Geschichte an der Friedrich-Schiller-Universität in Jena.

Jena war mir schon in der Kindheit gut bekannt und vertraut, denn ich fuhr oft mit meinem Vater mit dem Bus zur Augenklinik Jena. Das waren immer schöne Tagesausflüge und oft gab es einen Besuch in der Eisbar. So ist es logisch, dass mir Jena schon lange gut gefallen hat. Ich war aber später auch begeistert von der Ahnenreihe der großen Dichter und Denker aus der Zeit der Aufklärung, die mit Jena etwas zu tun hatten. So hat Friedrich Schiller an der Alma Mater Jenensis seine Antrittsvorlesung in Geschichte gehalten. Johann Wolfgang von Goethe hatte hier seine Steinsammlung. Fichte, Schelling, Hegel und viele andere große Denker lehrten an der Universität Jena.

Gleich im ersten Semester habe ich Bärbel aus der Parallelseminargruppe kennengelernt. Ich bin ihr aufgefallen, weil ich jeden Montag früh mit dem Motorrad aus Blankenhain kam und oft bis zu fünf Minuten zu spät in die erste Vorlesung „Ur- und Frühgeschichte" reinplatzte.

Im Jenaer „Paradies-Café" gab es Tanzabende und dorthin habe ich Bärbel einfach mal eingeladen. Wir konnten sehr gut miteinander tanzen. Im Studentenwohnheim gab ich ihr den ersten Kuss. Da war gleich etwas Besonderes zwischen uns, eine Herz-zu-Herz-Beziehung.

Als Musiker hatte mir das Leben und die Freiheit schon gefallen. Deshalb wollte ich mich noch nicht so fest binden. Doch Bärbel hat damals schon um und für mich gekämpft wie eine Löwin, wie auch später so oft. Das hat sie mir deutlich gezeigt und mich zum Überlegen gebracht. Ich sagte zu ihr: „Bärbel, ich glaube, da ist mehr zwischen uns. Ich will jetzt noch nicht übers Heiraten reden, aber ich möchte gern ein Kind mit Dir. Wenn wir ein Jahr weiterhin zusammenbleiben, ist das dann für immer und ewig!" Darüber waren wir uns einig. Wir waren zum ersten Mal gemeinsam bei meinen Eltern in Blankenhain übers Wochenende zu Besuch. Ich hatte dort immer noch mein eigenes Zimmer. So waren wir das erste Mal zusammen alleine und doch gleich zu dritt, denn nach neun Monaten wurde im November 1976 unsere Tochter Antje geboren – was für eine große Freude für uns.

Wir konnten damals nicht gleich heiraten, weil in dieser Zeit der Bruder von Bärbel mit zwanzig Jahren bei der NVA tödlich verunglückt war. Das machte vor allem und verständlicherweise meiner späteren Schwiegermutter Ilse sehr schwer zu schaffen. Man hätte von uns erwartet, dort in Bärbels Heimatort Goßmannsrod in Süd-Thüringen eine große Dorfhochzeit zu machen - das war allerdings unter diesen Umständen völlig ausgeschlossen. So nahmen wir darauf Rücksicht und hatten in Blankenhain noch vor Antjes Geburt im Juli 1976 eine große Verlobungsfeier. Wir planten nämlich für den Sommer 1977 eine Studentenhochzeit in Wismar und konnten deshalb meine Eltern mit ihrem Familiensinn und Feierdrang nicht zur standesamtlichen Hochzeit einladen, denn sie waren ja keine Studenten mehr. Das hat sie natürlich etwas verärgert, aber es ging eben nicht anders.

Nach der Entbindung verbrachte Bärbel ein paar Wochen bei meinen Eltern in Blankenhain, wohin ich sie mit dem Taxi begleitete. Ich konnte so auch in der Woche mal schnell mit dem Motorrad nach Blankenhain zu meiner neuen Familie fahren.

Ich suchte derweilen in Jena einen Krippenplatz und das war nicht so ganz einfach. Bald bekamen wir ein schönes Zimmer im Studentenwohnheim. Ein zweites Zimmer hat sich Antje mit einem anderen Kind geteilt. Wir hatten von da eine wunderbare Aussicht über die Stadt. Die Krippe war genau auf der anderen Seite, also hieß es immer auf dem Weg von oder zur Krippe mit dem Kinderwagen einmal Berg runter, rein in die Stadt, gerade durch und drüben wieder den Berg hoch.

Zur Kindtaufe unserer Antje in einer kleinen Kirche am Rande von Jena haben meine liebe Bärbel und ich uns auch vor Gott das Ja-Wort gegeben, also kirchlich geheiratet. Das war beides damals schwierig für künftige Lehrer, denn es passte nicht in die große sozialistische Linie. So eine kirchliche Hochzeit hatte in ähnlichen Fällen zur Exmatrikulation geführt. Aber für uns war beides ein Herzenswunsch und wir wollten es unbedingt so.

Im Vorgespräch wollte der sehr verständnisvolle Pfarrer einen Trauspruch von uns wissen. Wir hatten zwar vieles und mengenweise notwendige Papiere vorbereitet, aber darüber hatte ich mir nun gar keine Gedanken gemacht und in dem Moment auch keine Idee. Er gab uns seine Bibel und meinte siegessicher, dass da garantiert ein Trauspruch für uns drinstehen würde. Ich habe das schwere Buch genommen, Bärbel angesehen, die Bibel aufgeschlagen und landete mit meinem Zeigefinger genau bei den folgenden Worten, die ich Bärbel laut vorlas:

„Gott ist Liebe. Und wer in der Liebe bleibt, der bleibt in Gott und Gott bleibt in ihm." (1.Joh. 4,16).

Ich schaute in Bärbels Augen und sie nickte lächelnd. So hatten wir unseren wunderbaren Trauspruch zu unserer Liebeshochzeit. Dieser Spruch klang sehr nach göttlichem Wegweiser und war sicher kein Zufall.

Zur Hochzeitsfeier im kleinsten Familienkreis luden wir meine Eltern und Schwiegereltern ein, sowie meinen brüderlichen Freund Ludwig und meine Tante aus dem Westen als Taufpaten unseres Kindes. Immerhin waren wir Studenten und mussten doch ein wenig auch aufs Finanzielle achten. Durch den sogenannten Zwangsumtausch – Besucher aus der BRD mussten für jeden Besuchstag in der DDR pro Tag zwanzig DM in DDR-Aluchips umtauschen – hatte meine Tante ein ganzes Bündel DDR-Geld, mit dem sie ja sonst nichts anzufangen wusste, außer die Feier zu bezahlen. Es war also keine allzu große Gesellschaft, aber doch eine wunderbare Feier im Interhotel „Schwarzer Bär". Für die Musik hatte ich logischerweise selber mit meinem Akkordeon gesorgt.

Wie sehr hatte doch mein Opa Paul damals Recht, als er mir 1963 das große Akkordeon schenkte und zu mir sagte: „Du wirst mit der Musik mal viel Geld verdienen, wenn du es nötig hast." Ja, wir hatten es als Studenten, sogar als Studentenehepaar mit Kind nötig. Denn jeder von uns bekam nur 120 Mark Stipendium. Unsere Eltern konnten uns kaum etwas zuschießen. So habe ich mich mit dem etwas älteren Erzieher Hans-Joachim Kaufmann zu dem „Duo Brillante" zusammengetan. Und wir brillierten wirklich mit Thüringer Folkloremusik. Wir haben bis hoch in den Thüringer Wald zu sogenannten Baudenabenden Musik gemacht. So kamen wir als kleine Familie finanziell einigermaßen gut zurecht, denn so ein Baudenabend hatte mir fünfzig Mark - fast die Hälfte eines monatlichen Stipendiums - eingebracht.

Das Studium lief für uns beide recht gut. Bärbel konnte im zweiten Studienjahr in meine Seminargruppe wechseln und so konnte ich einiges für sie mitmachen wie Mitschriften von gemeinsamen Vorlesungen. Und unsere Antje war natürlich auch unter den Studenten die Prinzessin.

Wir reisten einmal gemeinsam mit anderen Kommilitonen ins Ausland, und zwar in die ungarische Hauptstadt Budapest. Diese Stadt war für mich das östliche Wien, weil es damals schon so weltoffen war und demokratisch strukturiert. Das hat mich sehr angezogen, wie ein Zugpferd Richtung Freiheit. Nicht umsonst fielen später die ersten Teile des Eisernen Vorhangs in Ungarn.

An der Universität Jena und vor allem in unserer Sektion Geschichte ging es in diesen Zeiten Mitte der 1970er Jahre heiß her mit Themen wie Dubček und sein demokratischen Sozialismus, die Ausweisung von Wolf Biermann und anderer, der Eurokommunismus und vieles mehr.

Das Thema meiner mit „sehr gut" abgeschlossenen Diplomarbeit lautete: „Die geheimen Übersichten des Berliner Polizeipräsidenten während des Sozialistengesetzes über die sozialdemokratische und anarchistische Bewegung. Analyse und Quellenkritik (1878 bis 1890)".

Mein Mentor war der international bekannte Professor Fricke. Als ich mich bei ihm einschrieb, lud er mich überraschenderweise zu sich nach Hause ein und fragte unter anderem, ob ich bereit wäre, die Drei-W-Frage zu stellen: Was wäre wenn? Also ich sollte hinterfragen und in Alternativen denken lernen. Das hat mir auch später in meinem Leben immer wieder sehr geholfen.

Wir waren eine Fünfer-Studiengruppe, die sich mit dem oben genannten Thema beschäftigte. Auch Bärbel war in dieser Gruppe. Ich hatte das übergeordnete Thema und konnte dadurch auch für sie einiges in die Forschung mit hineinnehmen. So durften wir zum Beispiel im Merseburger Staatsarchiv sehr gute Quellenforschung von Spitzelberichten betreiben, wo kaum jemand überhaupt Zugang hatte.

Die erste große Spitzelorganisation in Deutschland hatte Reichskanzler Bismarck gegen die Arbeiterbewegung aufgebaut. Das gleiche System zeigte sich auch bei der Geheimen Staatspolizei Gestapo oder der Staatssicherheit Stasi. Der Hintergrund war die gesamte Sozialdemokratie, die mich wirklich interessierte, denn in Eisenach (1869), Gotha (1875) und Erfurt (1891) waren die 3 großen sozialdemokratischen Parteitage in Thüringen zu dieser Zeit, weil es woanders im gesamten Deutschen Kaiserreich diese Versammlungsfreiheit nicht gegeben hat.

Es hat also jeder der Fünf im Sommer 1979 seine Diplomarbeit geschrieben. Wir hatten es als Gruppe verteidigt und mit „gut" bestanden.

Professor Fricke wollte danach, dass ich bei ihm meine Doktorarbeit schreibe. Aber das ging nicht, weil wir als kleine Familie nach dem Studium erst einmal Geld verdienen mussten und auch in die Praxis wollten.

Wir hatten eigentlich vor, nach dem Studium entweder zu Bärbels oder zu meinen Eltern zu ziehen. Leider gab es in den elterlichen Heimatorten keine freien Lehrerstellen. Ich erinnere mich genau, dass ich daraufhin betete, weil ich keine Ahnung hatte, wo es nun hingehen oder wie es weitergehen sollte. Ich bekam den Eindruck, dass wir nach Gotha gehen sollten. Dort gab es noch 2 offene Lehrerstellen und dort lebten mein Opa und meine Oma sowie mein älterer Bruder Erich mit seiner Familie. Opa Paul hatte mir dann gesagt: „Helmut, bleib du in Gotha, denn deine Zeit kommt noch." Und zehn Jahre später sollte es sich bewahrheiten und Gotha ein entscheidender Ort in meinem Leben sein. Leider ist mein Opa bereits am 29.11.1979 verstorben und meine Oma zog daraufhin nach Blankenhain.

Unsere Vorstellungsgespräche fanden im Rat des Kreises Gotha, Abteilung Volksbildung statt, zu vergleichen mit dem heutigen Schulamt. Wir wurden beide angestellt. Bärbel kam an die Friedrich-Engels-Schule und ich an die Luther-Schule. Luther hat mir mit seiner Art und Arbeit schon immer gefallen und so hat mich das besonders gefreut.

Eher unerfreulich dagegen waren die Wohnungen, die man uns in Gotha anbot - das ging ja gar nicht. Wir hatten drei Angebote und eines davon mussten wir nehmen. Da alle schlecht waren, haben wir die zwei schlechtesten aussortiert. So war also unsere erste gemeinsame Wohnung eine kleine Mansardenwohnung. Immerhin gab es Gasanschluss in der Küche und auch eine Wasserspülung für die Toilette. Die Elektrik haben wir auf eigene Kosten komplett neu gemacht mit Hilfe meines Bruders Erich. Bärbel war extra sechs Wochen in einem Porzellanwerk arbeiten, damit wir den Elektriker bezahlen konnten.

Da die Mieten so gering waren, wurde von den Eigentümern nur das nötigste investiert. Insgesamt sind wir noch dreimal in Gotha umgezogen in den folgenden Jahrzehnten.

Der erste Umzug stand schon nach zwei Jahren an, nachdem im März 1982 unser zweites Kind, unser lang ersehnter Sohn Thomas, geboren wurde und es in der Dachwohnung wirklich zu eng wurde.

Zwei Jahre mussten meine Bärbel und ich zunächst eine Probezeit absolvieren. Ich unterrichtete an der Lutherschule in Gotha die Fächer Deutsch und Geschichte. Bärbel unterrichtete ebenfalls Deutsch und Geschichte und arbeitete an der Friedrich-Engels-Schule gleich in der Nähe unserer Wohnung. Eines Tages ließ ich in meinem Deutschunterricht einen Aufsatz zum Thema „Der Sinn des Lebens" schreiben. Beim Bewerten der Aufsätze kam mir eine dieser Arbeiten sehr besonders vor und ich bat Bärbel um ihre Meinung. Es war wunderbar, dass wir uns auch in fachlichen Fragen gegenseitig unterstützen konnten.

Es ging um den Aufsatz von Volker Hase aus der achten Klasse, der so erwachsen und geistvoll geschrieben war, dass ich annehmen musste, seine Eltern hätten ihn für Volker geschrieben. Meine Bärbel hatte einen sehr guten Rat für mich. Der Schüler müsste seinen Aufsatz in der Klasse vorlesen und dann würde ich schon merken, ob er ihn wirklich selbst geschrieben hatte. Also bat ich in der nächsten Deutschstunde meinen Schüler Volker, seinen Aufsatz vorzulesen. Ich setzte mich derweilen auf seinen Platz und die ganze Klasse lauschte. Als er geendet hatte, konnten wir einfach nur klatschen, so überzeugend war sein Vortrag.

Für Volker hatte und hat der Sinn des Lebens ganz viel mit Gott zu tun und in dieser Stunde konnte er zum ersten Mal öffentlich und offen darüber sprechen. Es war für ihn der Beginn seiner Laufbahn zum Pastor und Prediger.

Dieser Volker Hase sollte Jahre später in meinem Leben noch eine wichtige Rolle spielen.

ZWISCHENWORTE

Volker Hase: Ein junger Lehrer und der Sinn des Lebens

Bild: Volker Hase (privat)

„Aus dem Harz gerade nach Gotha umgezogen kam ich im September 1979 in die achte Klasse der Lutherschule. Doch nicht nur ich war neu dort, sondern auch unser Deutschlehrer, Herr Rieth (damals natürlich noch per „Sie"), kam frisch von der Universität und trat in eben dieser Lutherschule seine erste Lehrerstelle an. Da stand er nun vorne – in damals blonder Lockenpracht, ein Lehrer, der voller Elan schien. Er hatte eine gute Fähigkeit, den Unterrichtsstoff durch gemeinsame Besprechung und förderndes Mitdenken zu vermitteln. So etwas war damals nicht allzu oft anzutreffen. Normalerweise kannte ich tiefgehende Gespräche nur im Zusammenhang mit dem Wort Gottes.

Eines Tages bestand unsere Hausaufgabe darin, einen Hausaufsatz über den Sinn des Lebens zu schreiben. Nun ja, hier ist anzumerken, dass wir uns an einer sozialistischen Schule befanden, mit hohem ideologischen Anspruch. Unsere Direktorin war „zweihundertprozentiger Natur" - streng, aber auch gerecht.

Seit ich – damals in Quedlinburg – in die Schule kam, hatte ich eine persönliche Beziehung zu Jesus, meinem Herrn und Erlöser. Da ich es schon damals liebte, meinem inneren Gewissen zu folgen, war ich auch nie Mitglied in einer sozialistischen Kinder- oder Jugendorganisation. Ich hatte auch die Angewohnheit, dass links neben meiner Federmappe meine Bibel lag; - in dieser hatten damals meine Klassenkameraden noch mehr darin gelesen, als ich selbst (und ich las bestimmt sehr viel darin).

Unser Deutschlehrer kam also auf die Idee, uns etwas über den Sinn des

Lebens schreiben zu lassen. Innerlich habe ich mich hin- und herbewegt zwischen: „Weiß er eigentlich, worauf er sich da einlässt?" und „Herr, was nun? - Der einzige wirkliche Sinn meines Lebens bist doch nur du?!"

Also setzte ich mich hin und begann zu schreiben. Ich merkte, wie plötzlich der Heilige Geist anfing, meine Gedanken zu lenken und ich fließend niederschreiben konnte. Ich schrieb darüber, welche Wichtigkeit Jesus in meinem Leben hatte, was er mir bedeutet und dass mein Herz für ihn schlägt. Ich berichtete über Gebetserhörungen, Offenbarungen Gottes und über Menschen, die ich – damals im Harz – im Gottesdienst durch Gebet gesundwerden sah.

Mit einigen Herzklopfen versehen gab ich diesen Hausaufsatz ab.

Ein paar Tage später hatte Helmut (seit einem Wiedersehen 1996 waren wir dann per „Du") die korrigierten Aufsätze wieder mitgebracht. Er teilte sie nacheinander, mit Kommentierungen, aus. Komisch war nur, dass er dabei so oft an mir vorüberging und ich einfach noch nicht an der Reihe war. – Mein Aufsatz kam als letzter dran. Aber nicht einfach so. Helmut drückte ihn mir in die Hand und sagte:

„Volker, dein Aufsatz ist besonders interessant. Du gehst bitte nach vorn und liest ihn uns allen vor!" - Was wollte er denn jetzt von mir? Na gut, ich stand plötzlich vorn vor der Klasse. Helmut setzte sich auf meinen Platz und schaute mich an. „Los geht's!" (Kurze Anmerkung: Helmut dachte, mein Vater hätte diesen Aufsatz geschrieben, aber auf keinen Fall ein Vierzehnjähriger! Mein Vater war ein Laienprediger, aber diesen Aufsatz hatte ich ihm gar nicht gezeigt...)

Als ich meinen Aufsatz ziemlich „flüssig" vortrug, hatte mein Deutschlehrer doch wohl keine Zweifel mehr an der „Originalität" meiner Ausführungen. Die ganze Klasse war mucksmäuschenstill. Helmut begann dann demonstrativ zu applaudieren, alle anderen schlossen sich ihm an.

Dieser Aufsatz wurde übrigens in der ganzen Schule und auf dem Schulhof herumgegeben; überall wollte man ihn lesen. Ich hatte dann echt Mühe ihn wiederzubekommen, die Eltern mussten ja damals noch unterschreiben...

In dieser Art hatte ich sehr viele Dinge in der sozialistischen Schule erlebt. Erst viel später begann ich zu verstehen, was für eine Gunst mein himmlischer Vater seinem Buben da gegeben hat."

Schon in meiner Jenaer Studienzeit hatte ich Kontakte zum Freundeskreis von Wolf Biermann, Jurek Becker, Jürgen Fuchs und anderen kritischen Denkern. Auch hatte ich Kontakte zur Kirche in Pankow. Diese Gegenwelt eines demokratischen Sozialismus hatte mich mitgeprägt. Mir wurde mehr und mehr klar, dass man irgendwie selbst für Veränderungen im eigenen Land sorgen muss. So ähnlich hatte es auch mein Vater immer wieder ausgedrückt: „Es genügt nicht zu schimpfen. Wenn du was ändern willst, geh dorthin, wo man etwas verändern kann." Mit diesem Ansinnen bin ich 1984 Mitglied der SED geworden - zu der Zeit war es ja in der DDR bereits offensichtlich, dass es mit diesem Land so nicht weiter gehen konnte.

Aus heutiger Sicht war das eindeutig ein Trugschluss, denn in der SED gab es nichts Freiheitlich-Demokratisches mehr. Dort gab es nur noch den demokratischen Zentralismus - und das war Diktatur pur, nach dem Motto „Wer nicht für uns ist, ist gegen uns." Mein damaliger Parteisekretär äußerte das so zu mir: „Wer gegen die Mauer ist, für den haben wir andere Mauern mit kleinen Fenstern und schwedischen Gardinen davor, Helmut." Das sollte ich kurz vor Ende der DDR noch zu spüren bekommen.

Doch vorerst nach dem erfolgreichen Bestehen der Probezeit wurde ich 1984 vom Erfurter Bezirksschulrat zu einem Gespräch eingeladen. Mein Professor Fricke hatte tatsächlich und extra für mich eine außerplanmäßige Aspirantur an der Universität Jena beantragt, damit ich doch noch weiter an dem Thema und eben meine Doktorarbeit schreiben kann. Aber auch der Bezirksschulrat selbst war an mir interessiert, weil er jemanden für die Akademie der Pädagogischen Wissenschaften (APW) als höchste Bildungseinrichtung des Ministeriums für Volksbildung in

Berlin vorschlagen musste und wollte. Und ich wollte wissenschaftlich arbeiten, obwohl ich auch gern Lehrer war. Und ohne mit Bärbel reden zu können - da wir kein Telefon hatten und ich es gleich entscheiden musste - ließ ich mich für die Berliner Doktorandenstelle einschreiben. Irgendwie hat der Bezirksschulrat daraus noch eine planmäßige Aspirantur gemacht, so dass ich direkt in Berlin und nicht mehr nebenbei arbeiten musste und durfte. Das sollte drei Jahre gehen mit neunzig Prozent des Lehrergehaltes. Das hohe Einkommen gefiel mir auch sehr gut. Ich hatte also in Berlin – Prenzlauer Berg ein Zimmer direkt an der Mauer – das war alles so eng und so düster dort im zweiten Hinterhof. Die Wohnung teilte ich mit einem anderen Aspiranten aus Vietnam, der immer gekocht hat. Nur dass diese Küche so penetrant gerochen hatte, machte mir schon sehr zu schaffen neben der Trennung von meiner Familie.

Aber es gab auch Zeiten, in denen ich Literaturrecherche machte und nicht in Berlin, sondern zu Hause in Gotha arbeiten konnte.

Die ersten anderthalb Jahre in Berlin liefen ganz gut, aber dann bekam ich ein knifflig-unschönes Thema: „Kommunistische Verhaltenstraditionen in einem sozialistischen Schulkollektiv". Ich hatte alle Werke der großen Pädagogen gelesen, aber das war schwierig. Ich musste mich trotzdem wissenschaftlich damit auseinandersetzen. Ich kam zu dem Schluss, dass die Theorie, die man mir vorgegeben hatte, in sich gar nicht stimmig ist und niemals so umgesetzt werden könnte. Ich konnte das in meinen Thesen auch begründen. Ich hatte alle Theorie in der Praxis geprüft. Selbst mein Doktorvater war skeptisch, ob ich mit meinen Ergebnissen durchkomme. Meine Thesen wurden wie üblich veröffentlicht und ich bekam eine für Aspiranten ungewöhnliche Einladung des Generalsekretärs der Akademie der Pädagogischen Wissenschaften. Nachdem ich zehn Minuten meine Thesen vor der Kommission vorgestellt hatte, sagten sie: „Wir sind zwar nicht begeistert über das, was Sie uns hier vorgelegt haben, aber es ist in sich stimmig. Wir brauchen Ihre Arbeit, aber nicht für die Öffentlichkeit. Wenn Sie einverstanden sind, bekommen Sie natürlich

Ihren Doktortitel, aber die Doktorarbeit wird nirgendwo veröffentlicht."

Ich war sehr unsicher, was nun passieren und wie es weitergehen sollte. Es passte mir gar nicht, dass meine spätere Doktorarbeit nicht veröffentlicht werden sollte ud war deshalb ratlos und auch ein wenig ängstlich. Ich wurde zehn Minuten rausgeschickt. Was sollte ich nun tun? In meinem leeren Kopf überschlugen sich die Gedanken. Ich wollte gern, aber konnte ja niemanden anrufen - außer Gott! So habe ich dort „Sturm gebetet". Daraufhin hatte ich den Satz in meinem Herzen: „Tu es nicht". Wenn Gott zu mir spricht, sind es meistens nur kurze Sätze. Also bin ich wieder rein und sagte der Kommission: „Es tut mir leid, ich kann ihrem Vorschlag nicht zustimmen. Ich möchte gern weiterarbeiten mit dem, aber wenn es in der Schublade bleibt, geht es nicht." Daraufhin wurde der Akademie-Präsident laut und drohte verärgert: „Was erlauben Sie sich! Sie könnten in einem Jahr Botschafter in irgendeinem Land sein und Sie sagen mir hier ins Gesicht: Das wollen Sie alles ausschlagen? Sie haben hier zwei Jahre lang wissenschaftlich arbeiten dürfen und jetzt schlagen Sie das aus?!"

Krebsrot fügte er hinzu: „Ich werde dafür sorgen, dass Sie an keiner Universität der DDR einen Doktortitel erwerben dürfen! Und Sie kehren dorthin zurück, wo Sie hergekommen sind." So ging es eben wieder zurück nach Gotha. Zum Glück und mit Gottes Hilfe und Gott sei Dank hatte ich gute Bekannte, ja fast Freunde, die mir eine Stelle verschafft haben, denn üblicherweise hätte ich nach dem Eklat gekündigt werden müssen. Gott lebt in Beziehungen, denn mit Hilfe meiner Bekannten konnte Gott Gutes für mich bewirken.

6. Sozialdemokratie und mein Gedankengut - 1986

Nach meinem ergebnislosen Ausflug nach Berlin bekam ich glücklicherweise im Sommer 1986 eine Stelle als Fachschuldozent für Deutsche Sprache und Literatur an der Pädagogischen Fachschule für Kindergärten (PSfK) Gotha.

An dieser Fachschule für Kindergärtnerinnen hatte ich mich sehr wohl gefühlt und gerne gelehrt. Ich hatte versucht, einige Dinge zu tun, die nicht im Lehrplan standen und nicht der offiziellen Parteilinie entsprachen. Es waren ja keine Verbrechen. Als Deutschlehrer hatte ich zum Beispiel im Unterricht die beiden deutschen Nationalhymnen verglichen oder Texte von Schriftstellern, welche die DDR verlassen hatten, behandelt. Manche Lehrinhalte wie zum Beispiel die sogenannte „Friedenspädagogik" hatte ich weggelassen. Einmal ging ich nach dem Unterricht mit meiner Gruppe ins Gestüt Boxberg reiten. Daraufhin wurde mir vorgeworfen, dass ich meine Studentinnen zu „kleinbürgerlich-dekadentem Verhalten" erziehen würde und ihnen „eindeutig sozialdemokratisches Gedankengut" gelehrt hätte, was wohl nicht im Sinne von Partei und Regierung war.

Dadurch wurde ich sehr bald als „Gegner" des Systems abgestempelt. iIm März 1989 wurde ich plötzlich und völlig unüblicherweise für drei Monate zum Reservistendienst bei der Nationalen Volksarmee nach Rostock eingezogen. Ich bin mir sicher, dass wir dort gebrochen werden sollten, denn es waren einige Regimekritiker zusammengepfercht. Wir haben schlimme Dinge erleben müssen – für mich war das reiner Psychoterror. Dagegen war die Grundausbildung bei der NVA ein Zuckerschlecken.

Nach meiner Rückkehr von dort musste ich mich auf Arbeit mit dem Gerücht rumschlagen, ich hätte einen Ausreiseantrag gestellt, was aber vollkommen falsch war. Ganz im Gegenteil: Ich wollte ja im Land bleiben und so Veränderungen voranbringen. Das funktioniert logischerweise nicht, wenn man gar nicht da ist. Aber ich habe nach einem Schulfest, zu dem ich als Reservist in Uniform gekommen war, mitbekommen, wie das Gerücht entstanden war. Eine Studentin hatte - ob aus Naivität oder mit Lauschauftrag, weiß ich nicht - einen Satz von mir weitererzählt. Ich hatte dort aufgrund der vielen negativen Erlebnisse bei der Armee gesagt: „Ich kann alle diejenigen verstehen, die dort, wo ich jetzt bin, die Schnauze voll haben und nur noch weg wollen aus der DDR." Na ja, und wie beim Stille-Post-Spiel war dann daraus geworden, ich wolle mit Ausreiseantrag weg aus diesem Staat.

Mit einem Mal hatte ich gleichzeitig ein Partei- und ein Disziplinarverfahren am Hals. Still und irgendwie heimlich wurde ich im Sommer 1989 aus der SED wegen eindeutig sozialdemokratischen Gedankengutes und parteischädigenden Verhaltens ausgeschlossen. Mein sogar auf dem schwarzen Brett der Schule angekündigtes Disziplinarverfahren allerdings wurde eher öffentlich ausgetragen. Unter anderem wurde mir vorgeworfen, dass ich gegen den Grundsatz des einheitlich handelnden Pädagogen-Kollektives verstoßen hätte. Ich wurde systematisch schlecht gemacht, was so allerdings von oben angeordnet wurde. So sollte eine Beurteilung über mich so verfasst werden, dass ich keine Stelle mehr als Lehrer erhalten könne. Das war eine sehr schwere Zeit für mich, denn gegen Gerüchte kann man nicht kämpfen. Studenten und Kollegen hielten plötzlich Distanz zu mir oder wechselten gar die Straßenseite, wenn sie mich sahen. In einer Lehrerkonferenz an meiner Schule wurde schließlich von meinen Kollegen in einer nicht geheimen Abstimmung entschieden, ob ich entlassen werden sollte. Allein dieses Verfahren war haarsträubend! Von den 65 anwesenden Lehrerkollegen traute sich nur ein einziger, mit Nein zu stimmen. Somit bekam ich im August 1989 meine fristlose Entlassung als Fachschullehrer.

Über den SED-Parteirauswurf war ich ja noch einigermaßen froh, aber das scheinbare Ende meiner so geliebten Lehrerlaufbahn hat mich sehr getroffen. Ich hatte meine besonderen Lehrerfähigkeiten und meine Studentinnen gehörten zu den leistungsstärksten an der Fachschule. Und nun wurde also beschlossen, dass ich kein Lehrer mehr sein darf, was aber doch in meiner Natur lag. Das bedeutete ja irgendwie gleichzeitig, dass ich wohl kein guter Lehrer war. Dieser Gedanke hat sehr an mir genagt. Vor mir tat sich ein großes, dunkles Loch der Rat- und Hoffnungslosigkeit auf.

In dieser bescheidenen Lage brauchte ich einen Freund, mit dem ich reden konnte. Mein Freund Ludwig war inzwischen ausgebildeter Arzt und bereits 1986 in den Westen ausgewandert. Er hatte etwas Kontakt zu meiner Mutter, weil er ja auch irgendwie eine Zeit lang als Kind gegolten hatte. Nun hatte er von meiner misslichen Lage und meinem schlechten Zustand nach der Entlassung aus dem Lehrerdienst erfahren und wollte mich unbedingt treffen. Da er einen Ärztekongress im Osten von Bayern hatte, wollten wir uns im böhmischen Marienbad wie zufällig wiedersehen. Außer mir wusste nur Ludwig, Bärbel und meine vermittelnde Mutter davon. Also fuhr ich an dem besagten Tag mit dem Zug über die tschechische Grenze oder besser gesagt, ich hatte es vor. Doch kurz vor der Grenze am letzten Bahnhof kamen vier Grenzpolizisten schwer bewaffnet in mein Abteil gestürmt und nahmen mich fest. Die kannten mich mit Namen und führten mich ab wie einen Schwerverbrecher. Fast zeitgleich haben zwei Leute der Stasi bei uns zu Hause geklingelt und Bärbel nach mir ausgefragt.

Man warf mir direkt den Versuch des illegalen Landesübertritts vor – ein schwerer Vorwurf ohne jegliche Beweise. Und trotzdem war es sehr ungemütlich und brutal, dieses Verhör mit dem Major. Sie entzogen mir meine Papiere und ich wurde rückgeführt nach Gotha. Dort musste ich mich immer wieder beim Volkspolizeikreisamt melden und ich wusste nicht, was passiert. Ich wollte oder musste meinen Ausweis wiederbekommen. Den bekam ich nicht, sondern musste fast jeden zweiten Tag dahin. Ich musste sicher absichtlich in einem gut sichtbaren Drahtverhau wie an einem Pranger immer lange warten. Ich wusste nicht, was kommt und musste durchaus mit fünf Jahren Stasi-Haft rechnen. Das waren sehr schwierige Tage und Nächte. Auch Bärbel wurde immer wieder verhört.

Gott sei Dank ist da übernatürlich eingegriffen worden, denn nach einigen Besuchen habe ich doch meinen Ausweis wieder bekommen und durfte einfach gehen – was für eine Erleichterung! Wie gesagt: Gott sei Dank!

Auch an einer anderen Front hatten sich erstaunliche Dinge getan und zeigen einmal mehr, wie wichtig Beziehungen sind und dass Gott in ihnen lebt, ja Er ist die Keimzelle jeder guten Beziehung. So hatte sich nämlich Dr. Heide Wildauer, meine ehemalige Direktorin, für mich eingesetzt, dass ich trotz Entlassung ab September 1989 offiziell als Erzieher wieder eingestellt wurde. Vielleicht wollte sie mich ja auch irgendwie ein wenig unter Kontrolle haben.

Jedenfalls wollte sie nicht, dass ich die nächsten Jahre beim Forst arbeiten muss und Bäume pflanze – wobei das natürlich keine schlechte Arbeit ist, aber eben nicht unbedingt mit meiner Ausbildung. Ich sollte nicht verloren gehen, weil ja auch schon Erneuerungsprozesse im von der Parteiführung aufzuhaltenden Anmarsch waren.

Als eine Art Hausmeister im Internat einer kommunalen Berufsschule auf dem Lande durfte ich nun im Nachtdienst meine Brötchen für meine Frau und unsere beiden Kinder verdienen. Darin konnte ich schon die Hand Gottes sehen, der mich mit dieser Nachtarbeit mit einem Lehrergehalt durch die schwere Zeit nicht nur schleppte, sondern auch gleichzeitig auf meine nächsten Aufgaben vorbereitete. Ein entlassener Lehrer arbeitet als Nacht-Erzieher und bekommt das volle Lehrergehalt! Gott versorgt und das ist der Beweis. Ich war wenigstens darüber in dem Moment sehr froh und dankbar.

Nun hatte mich also das System selbst vom Kritiker zum Systemgegner befördert. Ich wollte wie so viele immer noch an dem System etwas ändern, aber eben nicht mehr von innen. Nein, ich wollte nicht weg aus meinem Heimatland, in dem ich nach all den Erfahrungen trotzdem erst recht HEIMAT wieder großschreiben wollte. Es gab demgegenüber auch sehr viele, die ausreisen wollten oder über Ungarn bereits auf dem Weg waren, in den Westen zu fliehen.

Oder die sich in der Botschaft der DDR in Prag zu Hunderten sammelten und auf eine Ausreise drängten, bis der in Ostdeutschland geborene Außenminister der BRD Hans-Dietrich Genscher eben diese Entscheidung zur Ausreise unter riesengroßem Jubel verkündete. Der damalige Präsident der Sowjetunion Michail Gorbatschow hatte mit seiner Glasnost und Perestroika-Politik der Erneuerung so vieles im ehemaligen Ostblock ins Wanken gebracht.

Wenn man mir nun schon sozialdemokratisches Gedankengut vorwarf, so wollte ich ergründen, was da wirklich dran war und wollte das auch leben. Da war der Nachtdienst im Internat wiederum günstig für mich und genau richtig, da ich auf diese Weise bis zur Wende genug Zeit für die konspirative Arbeit hatte. Ich wollte mich nun politisch mehr einbringen. So nahm ich Kontakte auf zu den Leuten von Schwante bei Potsdam, wo am 7. Oktober 1989 die SDP (Sozialdemokratische Partei in der DDR) neu gegründet wurde, unter anderen mit dem späteren letzten DDR-Außenminister Markus Meckel. Dabei waren 44 Leute anwesend, vorwiegend Zahnärzte und Pfarrer, wie ja auch Markus Meckel ein Pfarrer war.

Zwei dieser Menschen kamen kurz danach an einem Freitag zu unserer sogenannten Montagsdemo nach Gotha und stellten die SDP-Programmatik dar. Es war relativ großes Interesse da und auch ich mit Bärbel. Danach sollten nur die dableiben, die bei einer Basisgruppe mitmachen wollten und so sind wir dageblieben. Es war diese einzigartige Zeit ab dem Herbst 1989: Wenn man sich damals einbrachte und wusste, was man wollte, wenn man den Menschen glaubwürdig, ehrlich und wahrhaftig entgegentreten konnte, dann war mit einem Mal fast alles möglich, machbar und erreichbar.

Wir zwölf Menschen gründeten am 3. November 1989 die Basisgruppe der SDP in der Versöhnungskirche Gotha. Wir Gothaer Sozialdemokraten wollten die Wiedergründung der SPD Thüringen, der ältesten und traditionsreichsten, demokratischen Volkspartei an der historischen Stätte der Vereinigung von Lassalleanern und Eisenachern im „Tivoli" in Gotha.

Am 7. November stellten sich im „Klubhaus der Einheit" in Gotha die neugegründeten parteipolitischen Gruppierungen oder Bürgerbewegung wie „Neues Forum", „Demokratischer Aufbruch" und SDP erstmals den Gothaer Bürgerinnen und Bürgern vor. Die Halle war brechend voll. Ich schätze, ca. 2.000 Leute waren gekommen. So musste ich dort als demokratisch gewählter 1. Sprecher und damit Chef der SDP-Basisgruppe Gotha die Programmatik der SDP vorstellen – nur vier Tage nach unserer Gründung! In diesem Klubhaus wurde vierzig Jahre vorher offiziell die Zwangsvereinigung von KPD und SPD zur SED vollzogen. In meiner Rede sagte ich den fast schon prophetischen Satz, der mir irgendwie von oben eingegeben wurde: „Wir heute wenigen Sozialdemokraten ziehen demonstrativ in diesem „Klubhaus der Einheit" die Hand aus der Zwangsvereinigung zurück, um dorthin zurückzukehren, wo 1875 das Gothaer Programm zur Geburtsstunde der ersten großen demokratischen Volkspartei SPD beschlossen wurde, um diese freiheitlich-demokratische Volkspartei für Thüringen wiederzugründen." Für mich persönlich hatte ich nun als Ziel die Wiedergründung der SPD Thüringen an historischer Stätte im „Tivoli" Gotha ins Auge gefasst – dort, wo freiheitlich-demokratische Traditionen ihren Anfang genommen haben. Das war meine Vision.

An dieser Veranstaltung nahm unter anderen Michel Hebecker teil, der damalige Direktor der Museen der Stadt Gotha, dem das „Tivoli" (Gedenkstätte „Gothaer Parteitag 1875") unterstand. Der kam im Anschluss zu mir und sagte mir, dass er mich treffen möchte. Einige Tage später trafen wir uns – allerdings in ganz anderen Verhältnissen.

7. Wende und Gottes Wunder - 1989

Es war einfach unglaublich, wie schnell die Entwicklungen gingen. Am selben Tag dieser eben beschriebenen Veranstaltung im „Klubhaus der Einheit" in Gotha, nämlich am 7. November 1989, trat der Ministerrat der DDR geschlossen zurück - sozusagen als Kapitulationserklärung der handelnden Exekutive gegenüber dem Druck der Bürger auf der Straße. Bereits zwei Tage später öffnete sich völlig überraschend und vor allem unblutig die Mauer in Ost-Berlin. Jeder erinnert sich an die spektakuläre Pressekonferenz mit Günter Schabowski, der erst drei Tage zuvor als Regierungssprecher eingesetzt wurde. Er kam am 9. November erst nach der Regierungssitzung gegen halb sechs und bekam vom neuen DDR-Regierungschef Egon Krenz einen Zettel für die auf 18 Uhr angesetzte Pressekonferenz zugesteckt mit der Bemerkung: „Du musst unbedingt über den Ratsbeschluss informieren. Das ist die Weltnachricht." Schabowski wusste nicht, worum es ging und las den Zettel dann offensichtlich verdutzt vor. Die Grenzen waren ab sofort geöffnet. So fiel die Mauer schneller, als jeder jemals gedacht hatte. Was für wirklich historische Tage als Ergebnis einer friedlichen Revolution couragierter Bürger!

Diese spektakuläre Maueröffnung und die Stunden danach habe ich wie jeder ehemalige DDR-Bürger ganz genau in meinem Herzen gespeichert. Ich hatte die Bilder in meinem Nachtdienst im Internat gesehen und konnte es kaum glauben. Aber zugleich kam eine freudige Freiheit in mein Herz und ich sah wirklich die Wiedervereinigung in greifbare Nähe kommen. Ich habe auf dem Parkettfußboden des Internats im Freudentaumeln weinend gelacht und getanzt. Das war so ein herrlicher Moment, wenn sich die für immer verschlossen geglaubten Mauern und Tore öffnen und man die Zukunft plötzlich so rosig vor sich sieht.

Aber ich war auch Gott sehr dankbar, dass Er all die Friedensgebete über die vielen Jahre hindurch erhört hatte, denn ohne Ihn wäre solch ein friedlicher Wandel sicherlich unmöglich gewesen. Doch bei Gott ist nichts unmöglich!

Wir waren gleich am nächsten Tag bei meinen Schwiegereltern in Süd-Thüringen und fuhren mit der ganzen Familie und unserem Trabbi nach Coburg. Als wir dort ausstiegen, wurden wir einfach freudig von wildfremden Menschen willkommen geheißen. Das war so ergreifend, diese enge und scheinbar selbstverständliche Verbundenheit bei völliger Unbekanntheit zu erfahren. Wir kannten weder die Menschen noch das System im Westen und doch war eine Zusammengehörigkeit in Freiheit deutlich zu spüren. Aller Herzen waren berührt und die Augen voller Freudentränen. Wir hatten einen Sieg errungen, mit Gottes Hilfe und auch durch jahrelange Gebete nicht nur an den Montagen zum Friedensgebet. Somit hatten diese Veranstaltungen bereits einen durchaus prophetischen Namen. Nach vierzig Jahren Wüste gab es nun wie für die Juden damals auf ihrer Wüstenwanderung in das gelobte Land diese Gnadenzeit. Und die meisten DDR-Bürger hielten den Westen für das gelobte Land – deshalb sei dieser Vergleich hier auch erlaubt.

Wir gingen in die Geschäfte und staunten nur über diesen Glanz und die Möglichkeiten. Zuerst kauften wir Jeans für alle – was für ein Traum. Gut, das Geld war dann alle, aber wir waren glücklich. In einem Rundfunkladen sah ich dann ein Kombigerät aus Radio, Kassettendeck und Plattenspieler mit Boxen. Das wollte ich unbedingt, nur 499 DM waren wohl unmöglich viel zu viel. Wir waren schon an der Kasse vorbei, da musste ich nochmal zurück gehen, um mir wenigstens die Gerätemarke dieser Musikmaschine zu merken. Da folgte mir der Verkäufer und fragte mich, ob ich dieses Gerät kaufen will. „Ja, wollen schon, aber können nicht!" gab ich ihm zur Antwort. Da sagte er: „Ich glaube, wir haben noch ein Retourgerät hinten im Lager stehen." Ich wusste mit dem Begriff Retourgerät nichts anzufangen, aber er kam mit einem riesigen, ungeöffneten Originalkarton aus dem Lager wieder, legte ihn in meine Arme und – ja genau – schenkte mir das. „Gehen Sie raus und freuen Sie sich dran!" waren seine begleitenden, wohltuend-überraschenden Worte. Für mich war das eine Begegnung der Liebe Gottes der besonderen Art durch einen Menschen, der mich gar nicht kannte, mir aber ins Herz geschaut hatte. Das war für mich das Wunder der deutschen Einheit in Freiheit, dass die Menschen die Sehnsucht hatten, sich untereinander liebten und Herzen zusammengeführt wurden und so in Freiheit kamen. Diese göttliche Chance der Wiedervereinigung nach 40 Jahren Teilungsstrafe hätte man viel länger und besser nutzen müssen, aber in den ersten Tagen und Wochen war diese Liebe untereinander und das dankbare Herzensglück doch dominierend. Wenn man dann noch denselben Tag einige Jahre früher hernimmt, war der das ganze Gegenteil: der 9. November 1938, als im Nazi-Deutschland in der Pogromnacht die Synagogen brannten und sich anstelle der Liebe der Hass breitmachte. Was für ein Unterschied! Was für eine Kraft hat doch die Liebe! Gott ist die Liebe!

Die große Wundertüte mit der Technik hatte nun gar nicht in unseren Trabbi gepasst, nur die Einzelteile. Dann kamen Leute auf uns zu, die über Radio gehört hatten, dass die Grenzen wieder dicht sind – also vor lauter Verstopfung infolge des Massenandrangs. Man hatte kurzer Hand den Kreistagssitzungssaal im Coburger Landratsamt geöffnet und mit Schlafsäcken ausgerüstet. Mit den kleinen Kindern waren wir sozusagen Notfall und durften da rein und in diesen amerikanischen Schlafsäcken übernachten.

8.   Thüringen und unser Willy - 1990

Ja, das Wunder der deutschen Einheit in Freiheit war geschehen, die Mauer und die innerdeutsche Grenze waren offen. Nun wollte ich politisch aktiv werden. Als 1. Sprecher der SDP-Basisgruppe Gotha war ich von Anfang an im Bürgerkomitee am Runden Tisch beteiligt. Das war ein in der Geschichte einmaliges Instrument, um miteinander zu reden. Das war Demokratie pur!

Wir als Bürgerkomitee hatten in Gotha schon am 4. Dezember 1989 die Stasi-Zentrale besetzt. Die verunsicherten Mitarbeiter in dieser Kreisdienststelle des Ministeriums für Staatssicherheit waren alle mit Kalaschnikows bewaffnet. Diese Waffen mussten erst mal aus dem Gebäude rausgeschafft werden, bevor die aufgebrachten Bürger da rein kamen und es noch komplizierter geworden wäre. Es war eine emotional aufgeladene Stimmung. Und so war es dann doch die erste friedlich-siegreiche Revolution in der deutschen Geschichte. Wir wollten verhindern, dass die Stasiakten vernichtet werden, aber es waren doch schon einige geschreddert oder gar verbrannt worden.

Ich selbst bin seit meinem Studium von der Staatssicherheit beobachtet worden und habe eine Akte, die man erst vor wenigen Jahren gefunden hat. Aber es spielt keine Rolle für mich. Jede Information da drin ist subjektiv und für den damals notwendigen Neustart unserer Gesellschaft waren die wirklich verantwortlichen Verbrecher zu bestrafen, aber dem ganzen Rest musste mit Liebe vergeben werden, damit ein gesellschaftlicher Neuanfang überhaupt möglich wurde und respektvolles Vertrauen zwischen den Menschen und auch in den Familien wieder hergestellt werden konnte.

Nun war ich also als 1. Sprecher quasi der Chef der SDP-Basisgruppe Gotha. Ende November 1989 klingelte es spätabends – also eher nachts halb zwei - an unserer Wohnungstür. Zuerst dachten wir, es wäre ein Stasi-Besuch, denn die hatten das gern so gemacht. Aber nein, es war jemand anderes. Also ging ich runter an die Haustür und da stand im Dunkeln ein großer Kerl und sagte, dass er aus Bonn sei. Ich war doppelt überrascht, denn Bonn war damals die deutsche Hauptstadt und so würde es interessant werden. Außerdem war ich völlig unsicher, was die von mir wollten und vor allem wie die mich gefunden hatten. Nun setzte er dem Ganzen die Krone auf und sagte: „Ich darf Sie herzlich grüßen von Willy Brandt." Willy Brandt war der vierte Bundeskanzler der BRD, jahrelanger SPD-Parteivorsitzender und zu dem Zeitpunkt seit 14 Jahren Präsident der Sozialistischen Internationale. Was wollte der ausgerechnet von mir? Ich fühlte mich sehr unsicher, aber irgendwie auch geehrt. So bat ich den Mann herein. Er berichtete, dass Willy Brandt meine Ausführungen vom 7. November im Klubhaus der Einheit Gotha zur Wichtigkeit der Rückkehr zu den Ursprüngen der freiheitlich-demokratischen Traditionslinie der Arbeiterbewegung wahrgenommen hat. Mein Besucher war sehr gut informiert und das gab mir nach meiner anfänglichen zurückhaltenden Unsicherheit einen tiefen inneren Frieden. So haben wir dann noch zwei Stunden mitten in der Nacht gesprochen. Er war persönlicher Mitarbeiter von Willy Brandt. Was da auf mich zukommt!?!?!?

Am 4. Dezember kamen am Vormittag wiederum unangemeldet zwei große, weiße BMW vorgefahren. So etwas war zu der Zeit gar nicht üblich in Gotha, noch dazu in der Schulpause, in der alle Schüler der gegenüberliegenden Schule das spannende Geschehen genau verfolgen konnten.

Vorgefahren waren Karl Eyerkaufer, der Landrat des Main-Kinzig-Kreises, des späteren Partnerkreises von Gotha, mit einer Delegation einschließlich des Vorsitzenden der hessischen SPD-Landtagsfraktion Lothar Klemm. Das waren schon politische Größen und die kamen eben ohne Einladung einfach mal vormittags bei mir zu Hause vorbei. Woher wussten die überhaupt, wo ich wohne und dass ich in Nachtschichten arbeite? Jedenfalls hatten sie sich vorgestellt und sagten, dass sie von mir gehört haben. Sie hatten für den Tag ein erstes Kontaktgespräch mit dem Vorsitzenden des Rates des Kreises Gotha wegen einer Kreispartnerschaft des größten Landkreises von Hessen mit dem zweitgrößten Kreis von Ostdeutschland, der nun mal Gotha war. Ich war überrascht und verdutzt zugleich und fragte: „Und was soll ich dabei?" Na, Herr Rieth, die SPD wird hier irgendwann die Verantwortung mit übernehmen, davon gehen wir aus. Wir haben uns im Landesverband der SPD Hessen bereits abgestimmt über eine Partnerschaft mit der von Ihnen beabsichtigten und zu gründenden SPD Thüringen. Wir müssen Euch doch helfen. Ihr habt doch wenig Erfahrung." Das stimmte fast, denn wir hatten gar keine Erfahrung. Das wiederum war eine besondere und beglückende Erfahrung für mich.

Nun wollte ich mitkommen mit dem Hinweis, dass ich nicht wüsste, ob die mich im Rat des Kreises Gotha überhaupt reinlassen, denn ich hatte ja auf Demos gesprochen und so weiter. Außerdem wollte ich noch meinen Parteifreund Gerhard Neumann dazu einladen, denn solche wichtigen Sachen hatten wir nie allein, sondern immer zu zweit gemacht.

Also sind wir mit den BMWs zum Rat des Kreises Gotha gefahren. Wir erreichten dort im Obergeschoß das Besprechungszimmer. Der Stellvertretende Ratsvorsitzende begrüßte die Delegation. Der damalige Ratsvorsitzende hatte sich in der Nacht zuvor das Leben genommen. Der Landrat stellte uns beide als seine politischen Freunde vor, die „ja demnächst hier das Sagen haben werden" und deshalb nun dabei sein müssten. Das fand man gar nicht nett und versuchte verschiedene Ausreden. Schließlich sagte der hessische SPD-Fraktionsvorsitzende Lothar Klemm: „Entweder die beiden Herren sind dabei oder wir fahren wieder und Sie haben die Chance der Partnerschaft vergeigt." Das war die erste offizielle Kontaktaufnahme. Kurze Zeit später kam auch die Partnerschaft der SPD Hessen und Thüringen zustande.

Am Abend des 4. Dezember 1989 nahm ich an einem Treffen von 64 Thüringer Sozialdemokraten aus den SDP-Basisgruppen der Bezirke

Erfurt, Gera und Suhl in der Harras-Mühle im Pößnecker Wald teil - da ging es um die Wiedergründung der SPD Thüringen. Es wurde ein Signal des Aufbruchs und der Kampfansage an die SED und deren Nachfolger.

Wir Gothaer Sozialdemokraten dachten damals, die DDR wird es sicherlich noch eine gewisse Zeit weitergeben, aber die drei Thüringer Bezirke Erfurt, Gera und Suhl, als künstliche Verwaltungsstrukturen von der SED 1952 bei der Zerschlagung der Länder geschaffen, werden irgendwann aufgelöst und abgeschafft. Es wird die Wiedereinführung der Länder geben. Das war eine Frage der Identität von Thüringern, Sachsen, Brandenburgern! Diese hatte Jahrhunderte überlebt und wird die DDR-Identität, wenn es denn eine solche überhaupt gab, auch überleben. Die Menschen brauchen aber historische Wurzeln und Identitäten, damit sie wissen, woher sie kommen und wohin sie gehen!

Ich traf mich wenige Tage später mit Herrn Hebecker, dem Direktor der Gothaer Museen. Er fragte mich, wann die Wiedergründung der SPD denn ungefähr stattfinden sollte. Wir planten Ende Januar. Ursprünglich war der 30. Januar im Gespräch. Aber das Datum ist historisch belastet. Das konnten wir nicht nehmen. Also verständigten wir uns auf Samstag, den 27. Januar. Er sagte uns damals zu, dass er uns unterstützen wolle. Er wollte im Vorfeld das „Tivoli" schließen, da es sowieso renoviert werden musste. Die gesamte Ausstellung, die von der SED-Parteigeschichte her dominiert war, wollte er herausnehmen und eine kleinere Ausstellung zur Rolle der Sozialdemokratie hineinbringen. Das wäre für ihn die Gelegenheit, dass wir dort die Wiedergründung vollziehen könnten, nachdem die neue Ausstellung eröffnet ist. Ich sage heute: Wenn Michel Hebecker nicht gewesen wäre, wären wir dort nicht hineingekommen, da dort die SED-Bezirksleitung Erfurt den Daumen draufhatte.

Am 5. Januar habe ich eine Rede auf dem Hauptmarkt in Gotha gehalten und am Schluss durfte ich folgendes ankündigen: „Hier, wo wir heute stehen, wird am 27. Januar 1990 um 18 Uhr auf einer Großkundgebung Egon Bahr und wie wir alle hoffen auch Willy Brandt, unser mutiger junger Alter, zu allen sprechen." Bereits bei der Erwähnung des gebürtigen Thüringers und Macher der Ostverträge Egon Bahr war ein einziger Jubelschrei der Massen zu hören. Als ich dann noch Willy Brandt nannte, waren die Leute vor lauter Vorfreude aus dem Häuschen. Willy Brandt war in Thüringen gut bekannt, denn 1970 fanden die Willy-Willi- Gespräche als erstes deutsch-deutsches Gipfeltreffen in Erfurt mit dem Bundeskanzler Willy Brandt und dem DDR-Ministerpräsidenten Willi Stoph statt. Dieser „Tag von Erfurt" 1970 wurde zum Symbol nationaler Einheitshoffnungen und genau diese waren nun fast 20 Jahre später wieder aufgekeimt.

Eine Woche vor dem großen Besuch haben wir unseren SPD-Kreisverband Gotha gegründet und das große Event sozusagen geprobt.

Nun kam also der Tag der Gründung der SPD Thüringen am Samstag, den 27. Januar 1990 immer näher. Am Abend vorher bereits reiste Willy Brandt an. Wegen der Montagsdemos freitags in Gotha durfte Willy Brandt nicht

Bild: Willy Brandt (re) und ich (privat)

in die Stadt kommen, denn niemand wollte oder konnte da für seine Sicherheit sorgen. Der Polizeichef sagte, dass wir jeden einladen können, aber selbst verantwortlich sind für die Sicherheit unserer Gäste. Also trafen wir uns in einem Eiscafé außerhalb der Stadt Gotha in Petriroda. Es war ausgemacht, dass wir uns an der Autobahn treffen. Also bin ich mit meinem Parteifreund mit meinem Trabi (DDR-Auto Trabant) an die Autobahnabfahrt Gotha gefahren, um das Auto Willy Brandts ins Eiscafé zu lotsen. Bald danach kam seine große, dunkle Staatslimousine. Aber dass Willy dort an der Autobahnabfahrt gleich aussteigt und mich persönlich begrüßt, war nun gar nicht geplant. Er ging auf mich zu und sagte: „Du bist Helmut Rieth. Du scheinst ein kluger Taktiker zu sein. Ob Du auch ein guter Stratege bist, wird sich heute Abend erweisen. Bitte einsteigen." In diesem bedeutenden Moment meines Lebens, nämlich dem ersten Kontakt mit dem Vorsitzenden der Sozialistischen Internationale und Altbundeskanzler Willy Brandt hatte ich nur eine Frage: „Und was wird mit meinem Trabi?" Das war schon eher pragmatisch und weniger weltpolitisch gedacht. „Den bringen Dir Deine Freunde zurück." sagte Willy ebenso pragmatisch.

Also setzte ich mich auf seine Bitte hin in seinen Wagen auf die linke Seite, denn er höre rechts etwas schlechter. Ich sollte deshalb die ganze Zeit an seiner linken Seite bleiben.

Im Eiscafé fragte er mich dann: „Helmut, was würdest Du morgen Abend auf dem Hauptmarkt zur Abschlusskundgebung an meiner Stelle sagen? Was wäre Deine Botschaft?" Oh, auf so eine Frage war ich nicht vorbereitet, über diese Herausforderung erschrocken und musste erst einmal tief in mich hinein hören, auf meine innere Stimme. Außerdem fragte ich mich: Wie kann der Willy mich so etwas fragen?

Aber Willy Brandt hat zugehört, er wollte es wirklich wissen, er wollte auf „Volkes Stimme" hören, ja er hatte echtes Interesse. Ich antwortete ihm später: „Ich würde das Motto des Gothaer Gründungsparteitages von 1875 nehmen." „Aha. Und – wie lautete das?" „Das lautete: Einigkeit in der Einheit." Er hat das übernommen und transferiert. Am Ende seiner Rede auf dem Gothaer Hauptmarkt am 27. Januar 1990 vor fast 100.000 Menschen rief Willy Brandt laut mit bewegter Stimme: „Und von hier und heute gebe ich Euch eins mit zu bedenken: Bestraft die kleinen Sünder nicht zu sehr, passt auf auf die Großen! Der Zug der deutschen Einheit rollt! Es darf keiner dabei unter die Räder kommen. Und von hier und heute möchte ich Euch mitgeben: Wir brauchen die Einigkeit der Deutschen in einem geeinten Europa. Ohne die Einigkeit der Deutschen wird es kein geeintes Europa geben." Dann war nur noch euphorischer Zukunftsjubel zu hören. Die Flammen seiner feurigen Rede waren auf die 100.000 übergegangen in die freudigen Herzen.

Dass neben 200 Delegierten zwölf Fernsehstationen anwesend waren und mehr als 50 Journalisten und das im kleinen Tivoli – das ging irgendwie fast unter in den Nachrichten. Die große Kundgebung mit Willy Brandt war an dem Abend die Spitzenmeldung in ARD und ZDF.

Bild: Rede Willy Brandts in Gotha (Quelle: Hans-Jürgen Fischer)

Ich war sehr zufrieden mit dem Ablauf und den Ergebnissen des Gründungsparteitages der SPD Thüringen im Tivoli Gotha und dieser gelungenen Abschlussrede. Ich war erstaunt, wie die Stadt geschmückt war. Unsere hessischen Freunde hatten die ganze Stadt mit den roten SPD- Fahnen sowie Deutschlandfahnen und sogar auch mit Europafahnen geflaggt.

Am nächsten Morgen im Hotel „Slowan" zum Frühstück erzählte mir Willy Brandt: „Mein Bundeskanzler hat mich angerufen." Ich war erstaunt und wusste trotzdem nicht genau, was er meinte. Er erklärte: „Mein Bundeskanzler Helmut Kohl hat mich in der Nacht angerufen und gesagt: „Herr Brandt, wir beide sind Europäer. Lassen Sie uns gemeinsam die deutsche Einheit für ein geeintes Europa gestalten." Auch das war ein wichtiger Aspekt der Einigkeit, die zur Einheit führen sollte: nämlich die Übereinstimmung der beiden großen, deutschen Politiker als führende Vertreter der beiden großen, deutschen Volksparteien CDU und SPD.

9. Stadt- und Landespolitik - 1990

Im Januar 1990 wurde ich Diplomlehrer für Sozialkunde an der Kommunalen Berufsschule Gotha, denn man wollte so kurz nach der Wende keine ehemaligen Staatsbürgerkundelehrer mehr beschäftigen. Da es eine kombinierte Stelle war, wurde ich gleichzeitig stellvertretender Leiter der Kreisvolkshochschule.

Für den 6. Mai 1990 waren Kommunalwahlen für den Gothaer Stadtrat und Kreistag geplant. Es gab dann schon verschiedene SPD-Basisgruppen, die sich zu einem Kreisverband zusammengeschlossen hatten. Und dort wurde ich in den Kreisvorstand gewählt, wo dann auch die Kreistagsliste erstellt wurde, auf der ich ziemlich weit vorne war und so in den ersten Gothaer Kreistag gewählt wurde. Den Hauptanteil der Stimmen allerdings bekamen die katholischen CDU-Kandidaten. Diese CDU entsprang aus der Gothaer GKG, einem Karnevalsverein und so waren mir diese Leute irgendwie komisch. Im Februar lautete dann das Motto des Karnevalsvereins: „Hurra, hurra, wir werden regiert vom DRK" (Duchač, Reinholz und Kukulenz). Dieser Slogan hallt heute noch in meinen Ohren, denn wir standen gefühlt wie die kleinen Deppen als Nichtskönner da und wurden gespielt mitleidsvoll von ihnen belächelt und ausgelacht. Das tat sehr weh!

Durch diese ersten freiheitlich demokratischen Kommunalwahlen wurde mir jede Menge Vertrauen geschenkt, so dass ich tatsächlich in den Kreistag Gotha gewählt wurde. Mein Motto war: „Ein Gothaer für Gotha!" Ich hänge sehr an Gotha, habe große Hochachtung vor der ereignisreichen Geschichte und den Menschen dieser Stadt. Wenn ich mir etwas Pathos gestatten darf: Ich liebe Gotha. Leider lebt die Stadt bis heute mit der Gefahr, wirtschaftlich zwischen den beiden Städten Erfurt und Eisenach zu kurz zu kommen. Ich sehe es nach wie vor als meine Aufgabe an, mich für Gotha stark zu machen.

„Der Erste muss der Diener aller sein." Das ist mein Leitspruch im

Verständnis der Politik. Da fühle ich mich auch bei Herzog Ernst I. (Ernst der Fromme, 1601 – 1675) zu Hause, aber nicht nur, weil er Politik mit der Bibel in der Hand und für das Volk gemacht hat. Sondern vor allem, weil er aus Gotha eine Stadt der Schulen und des Rechts gemacht hat. Er hat seinen Landeskindern damals als Erster in Deutschland die Schulpflicht verordnet und deshalb hieß es, dass die Bauersleut in Gotha klüger seien als die Adelsleut. Den Bauern war das gar nicht so recht, dass sie ihre Kinder zur Schule schicken mussten und damit weniger Arbeitskräfte zu Hause hatten. Ernst der Fromme schenkte jedem Schulanfänger eine Bibel. Jahre später sollte ich selbst einen Nachkommen von Ernst dem Frommen persönlich kennenlernen und nach Gotha einladen – er kam mit der Bibel in der Hand! In Gotha gab es übrigens auch die erste Versicherung Deutschlands. Es ist ganz deutlich: Ich bin ein Gothaer durch und durch.

Nun, jedenfalls bin ich trotz der Verdienste von Ernst dem Frommen kein Monarchist - im Gegenteil, im Sinne August Bebels bin ich ein patriotischer Pazifist. Vom Schloss Friedenstein selbst ging immer nur Friede aus. In der Nachfolge Herzog Ernst des Frommen standen europäische Könige und Fürsten. Sie machen noch heute die Residenzstadt Gotha bekannt. Das sind Fakten, die heute nicht mehr so im Bewusstsein der Menschen sind. Diese Perlen aus der Gothaer Geschichte müssen wir aber hervorholen, damit auch diese Quellen der Geschichte freigelegt und wieder fließen können, um eine gute Frucht am Gothaer Lebensbaum auch noch in Zukunft zu bringen. Gotha hat eine große Vergangenheit hinter sich und eine noch schönere Zukunft vor sich. Dafür wollte ich kämpfen als Frontmann im Thüringer Landtag in der Landeshauptstadt Erfurt für unsere traditionsreiche Residenzstadt Gotha.

Über die Währungsunion Ende Juni 1990 war ich als Vorkämpfer für ein geeintes Deutschland natürlich hocherfreut. Die Einheit wurde dadurch immer greifbarer und ab jetzt also auch die harte DM im Osten Deutschlands zu haben, hat mich für die vielen Menschen, die sich wirklich danach gesehnt hatten, sehr gefreut. Es war der richtige Weg.

In der ersten frei gewählten, demokratischen Volkskammer der DDR wurde das Ländereinführungsgesetz beschlossen. Dazu brauchte es die Parlamente, die das beschließen sollten. Und deshalb gab es die Landtagswahlen, nach denen die Parlamente dann die Gründung der neuen Länder und eben auch Thüringens beschlossen.

Am Tag der Deutschen Einheit, am 3.10.1990, war ich in Gotha. Es gab im Tivoli eine Einheitsfeier mit den SPD-Freunden aus der Partnerstadt Salzgitter. Und es gab in Gotha eine Festsitzung beider Partner-Kreistage mit den Kreistagsmitgliedern aus dem hessischen Main-Kinzig-Kreis und dem thüringischen Landkreis Gotha. Aber auch in der Stadt, vor allem auf dem Gothaer Hauptmarkt, war viel los. Es waren viele Menschen feiernd unterwegs und wir – meine Familie und ich - waren mittendrin.

Und mittendrin – also in der Mitte drin, im Herzen – waren ganz wunderbare Gefühle wie diese Hoffnung für eine bessere und wunderbare Zukunft, ein Siegestaumel mit endlich ganz vielen Freiheitsgefühlen. Es war fast wie ein knappes Jahr zuvor bei der überraschenden Maueröffnung, die unsere Zeit der DDR-Diktatur so herrlich, friedlich und freudig beendet hatte. Und wir blickten auf ein Jahr zurück, in dem viele Dinge tatsächlich gestaltet werden konnten.

Keiner dachte in dem Moment an die vielen stillgelegten oder abzuwickelnden Betriebe, die bevorstehende Arbeitslosigkeit – nein. Wir hatten etwas erreicht und waren vereint! Das war nun heute besiegelt.

Nachdem mich bereits im Frühsommer 1990 meine Parteifreunde als Direkt-Kandidat für den Thüringer Landtag vorschlugen, stand mein Name auf Platz 8 der SPD-Landesliste. Mein Einzug in den Landtag war damit zwar sehr wahrscheinlich, aber trotzdem war der Wahlabend am 24.10.1990 für mich sehr aufregend.

Es war für mich auch deshalb ein besonderes Freudenfest, weil ich ein

Jahr zuvor scheinbar auf der ganz anderen Seite des Lebens, zumindest des gesellschaftlichen Lebens, stand. Denn da war ich arbeitsloser Lehrer sozusagen mit Berufsverbot, ich war ganz unten und hatte wenig Hoffnung und Glauben, wie oder ob es mit mir weitergehen kann. Und nun konnte ich im Nachhinein sehen, warum alles so kommen musste. Ich habe damals als Lehrer im Sinne einer guten Erziehung nichts falsch gemacht. Und doch hat Gott es zugelassen, dass ich entlassen wurde und mit der Zeit gelassener werden musste. Ohne die Entlassung hätte ich kaum Zeit, Gelegenheit und innere Freiheit gefunden, um mich politisch in diesem Maße engagieren zu können. Es war also ein wunderbares Jahr für mich, welches durch die gottgegebene friedliche Revolution und die Wende in meinem geliebten Heimatland doch irgendwie gekrönt wurde. Gott hatte in den vergangenen 12 Monaten so viele Gebete auf einmal erhört. Das wurde mir an diesem Abend sehr bewusst und ich war so sehr dankbar - vollkommen dankbar.

In der Bibel steht über die politischen Leiter:

„Es gibt keine staatliche Macht, die nicht von Gott kommt; jede ist durch Gott eingesetzt." (Römer 13,1)

Gott wollte mich offensichtlich an der Stelle haben und ich war bereit – beide Grundvoraussetzungen für Erfolg waren erfüllt.

Der neue Dienst war für mich schon eine Berufung. Gott hatte mich bisher in meinem Leben so gelenkt und geleitet und vorbereitet, dass ich auch Führungsverantwortung lernen konnte, die ich nun auf politischer Ebene anwenden durfte.

Auf einer Karte hatte ich ein Zitat von Paul M. Zulehner bekommen, welches mich gerade in dieser Zeit immer wieder ansprach:

„Wer keinen Mut zum Träumen hat, hat keine Kraft zum Kämpfen."

Ja, es gehört eine Portion Mut dazu - den hatte ich ja zum Glück schon in meinem Namen festgeschrieben – Hel-Mut. Allerdings steht der Mut in meinem Namen und bei mir eigentlich hinten dran, denn er ist nicht so groß. Und so ging ich vor allem mit Gottes Hilfe in den Kampf, allerdings war mir auch immer die Einheit mit meiner Bärbel sehr wichtig. Wenn Bärbel gegen etwas von meinen Plänen war, hat es meistens nicht funktioniert. Genau deshalb war und ist sie mir so wichtig.

Ich habe mich dann vom öffentlichen Dienst für diese neue Aufgabe beurlauben lassen und nahm ab Oktober 1990 mein Mandat als Landtagsabgeordneter Thüringens wahr.

Die konstituierende Sitzung des neu gewählten, ersten Thüringer Landtags am 25. Oktober 1990 fand im Deutschen Nationaltheater in Weimar statt. Diese Sitzung war eine ganz erhebende Stunde für mich, weil dieses Haus für mich schon als Abiturient sowie auch als Lehrer immer schon eine besondere Bedeutung hatte. Ja, mir ging an diesem Tag Goethes „Faust" durch den Kopf:

„Ach Augenblick verweile doch, du bist so schön, mit freiem Volk auf freiem Grunde stehen". Diese Worte, die ich von Schauspielern auf eben dieser Bühne als Jugendlicher gehört hatte und die mich nachhaltig tief berührt hatten, sollten wir nun als Landtagsabgeordnete für Thüringen mit Leben erfüllen - eine Sternstunde meines Lebens. Der damalige Alterspräsident Siegfried Geißler leitete diese konstituierende Sitzung

und versah seine Aufgabe voller Souveränität und Würde. Es war eine einzigartige, besondere Atmosphäre. Und es lag für uns, die wir alle Neulinge waren und an einem neuen Kapitel zu schreiben begannen, eine besondere Spannung in der Luft.

ZWISCHENWORTE

Christine Lieberknecht: Für Helmut, meinen Freund und Brückenbauer

Bild: Christine Lieberknecht (privat)

„Es war am 25. Oktober 1990. Ich blickte in den Saal des Weimarer Nationaltheaters. Unter den Abgeordneten der ersten Stunde, die sich gerade zu ihrer konstituierenden Sitzung versammelt hatten, sah ich nach vielen Jahren zum ersten Mal meinen früheren Schulfreund Helmut Rieth wieder. In den 1970er Jahren hatten wir gemeinsam die Erweiterte Oberschule „Geschwister Scholl" in Bad Berka besucht. Helmut spielte bei den „Pulsaren", einer Band, deren lateinischer Name so viel wie „heftiges klopfen" oder auch „erschüttern" im Sinne von „bewegen" bedeutete. Etwas bewegen – das will Helmut, solange ich ihn kenne. Helmut wusste, dass ein Überschreiten der engen sozialistischen Vorgaben, und sei es nur durch „unangepasste" Musik, Ärger provozierte. Ich bewunderte die Furchtlosigkeit, mit der Helmut und seine Freunde die vorhandenen Spielräume austesteten und nutzten. Mich ermutigte das Beispiel der „Pulsare" zur Solidarität und Sympathie mit den Mutigen an unserer Schule. Diese *gemeinsamen Schul- und Jugenderfahrungen habe ich nie vergessen.*

Die Freude über unser Wiedersehen und das sichere Wissen, jetzt gemeinsam am Neuaufbau unseres wiedergegründeten Thüringen arbeiten zu können, waren groß. Dass wir dies in verschiedenen Parteien tun würden, verstanden wir beide wohl eher als einen Gewinn unserer jungen Demokratie, als dass es uns gestört hätte. Was zählte, war der Mensch. Und Mensch ist Helmut immer geblieben. Das Zweite, was zählte, war die gute Idee. Daran hat es Helmut nie gefehlt. Es waren „Brückenbauer-Ideen" im besten Sinne. Für uns beide gilt: Es ist der christliche Glaube, der unser Hoffen und Beten, Denken und Arbeiten trägt."

Wenig später bei der ersten regulären Thüringer Landtagssitzung in Erfurt wurde mir und meinen neuen Kollegen sehr schnell klar: Jetzt wird die Euphorie in Arbeit umgewandelt. Es galt nun, die Dinge, die wir politisch wollten, im Alltag umzusetzen. Durch die damalige Vielfalt der Fraktionen war auch eine belebende Vielfalt der politischen Meinungen im Parlament vertreten.

Ich war etwas überrascht, dass das nun eine hauptamtliche Tätigkeit ist, Landtagsabgeordneter zu sein. Früher in der DDR kannte ich das nur als nebenberufliche Tätigkeit, aber das ging in den ersten Jahren gar nicht, denn es war sehr viel zu tun. Wir hatten in der ersten Legislaturperiode in vier Jahren über 200 Gesetze beschlossen, diese Menge wäre heute nicht mal mehr denkbar.

Bei meiner ersten Rede im Plenarsaal des Thüringer Landtags war ich sehr aufgeregt. Das Thema weiß ich jetzt nicht mehr so genau, aber ich schloss irgendwie hochgeistig mit einem Zitat von J. W. von Goethe:

> „Das Sicherste aber bleibt:
> Das wir all das, was in und an uns ist,
> in Tat zu verwandeln suchen."

Da war Ruhe im Saal, denn da mussten alle erst einmal nachdenken.

Bei der Konstituierung unserer SPD-Landtagsfraktion ist im Nachhinein etwas sehr Besonderes und sicherlich auch Gottgeführtes passiert, denn ich lernte einen Mann kennen, der einer meiner besten Freunde wurde.

Aber der Reihe nach: Zunächst waren wir dort 21 Menschen, die sich alle nicht kannten, außer von den Begegnungen während des Wahlkampfes. Gerd Schuchardt wurde zum Fraktionsvorsitzenden gewählt. Und unser gescheiterter Spitzenkandidat für die Landtagswahl machte auf dem Absatz kehrt und fuhr zurück nach Nordrhein-Westfalen, weil er mit den 21,7% für die SPD nicht Ministerpräsident werden konnte. Das war für mich persönlich frustrierend und eine große Enttäuschung, da ich ihn mochte, weil er sehr offen und freundlich war und uns Thüringer SPDler ernst nahm. Außerdem wäre seine Sachkompetenz ein Glücksfall für Thüringen gewesen. Doch nun mussten wir ohne ihn klarkommen, was einer großen Herausforderung glich.

Jedenfalls sollte die Vorstellung untereinander innerhalb unserer neuen Fraktion nach dem Alphabet ablaufen. So war Hans-Jürgen Döring natürlich vor mir dran und beanspruchte für sich den Bereich Schule Bildung Kultur, den ich ja auch haben wollte und der mir wichtig war. Also äußerte ich mich entsprechend und wollte ihm den Vortritt für diesen Themenbereich lassen. Derek Prince hatte es mal so geäußert. „Wer nicht bereit ist, nach unten zu gehen, der ist nicht berufen, nach oben zu kommen." Ich hatte allerdings auch gleich eine Bedingung geäußert: Wenn er als Katholik aus dem Eichsfeld es wirklich übernimmt, dann wünsche ich mir doch bitte als Entschädigung für meinen Verzicht irgendwann mal mit Dir eine Pilgerreise nach Rom samt Papst-Audienz zu machen.

Einige Zeit danach hat zu meiner besten Zeit nachts halb eins Hans-Jürgen angerufen und fragte, ob ich noch mit will nach Rom zum Papst. Ich müsse mich heute noch entscheiden, denn seine Eltern hatten eine solche Pilgerreise anvisiert, aber konnten diese durch den Tod seines Vaters nicht antreten. So pilgerte ich tatsächlich mit ihm und vielen anderen in 300 Bussen aus Ostdeutschland und Polen nach Rom einschließlich einer Audienz bei Papst Johannes Paul II., der ja aus Polen stammte. So hatte ich zwar meinen anvisierten Themenbereich nicht bekommen, aber eine über 25-jährige, tiefe Freundschaft zu Hans-Jürgen gewonnen.

Die Arbeitsbedingungen in unserer SPD-Landtagsfraktion waren ganz am Anfang schwierig, denn für 21 Abgeordnete gab es nur eine alte Erika-Schreibmaschine. Ich wurde der erste Parlamentarische Pressesprecher der SPD-Landtagsfraktion Thüringen. Unsere Presseerklärungen schrieben wir natürlich mit dieser Erika-Schreibmaschine. Oft gingen Hans-Jürgen und ich als zwei Deutschlehrer am Abend noch einmal über diese Pressetexte drüber.

Hans-Jürgen war ein Poet, er hatte schon vor der Wende viele Balladen gedichtet. Die haben mir gut gefallen. Einmal fuhr ich ihn nach Berlin, damit er dort einige seiner Balladen vertont. Er sang selbst und natürlich machte ich ein wenig mit, so dass uns auch die Musik verband. Seine neuen Gedichte zeigte er immer zuerst seiner Frau Angelika und auch mir – unsere Meinungen waren ihm wichtig. Es war eine fortwährend wachsende Beziehung der Freundschaft zwischen uns. So einen Freund kann man sich nicht suchen – den bekommt man geschenkt!

Ich war dabei, als Ende 1990 im Parteirat, in der SPD-Baracke in Bonn, dem damaligen Sitz des Parteivorstandes, zwei Grundsatzpositionen aufeinander prallten - nämlich die von Willy Brandt und Oskar Lafontaine. Das war schon hart. Willy Brandt hatte den Standpunkt: „Der Zug der Deutschen Einheit rollt - und wer sich dagegenstemmt, wird überfahren. Die Menschen wollen die Einheit, und gegen sie kann man keine Politik gestalten." So ähnlich klang das auch schon bei Bertolt Brecht, der wohl sagte, dann müsse sich die Regierung eben ein neues Volk suchen. Andererseits hatte Oskar Lafontaine nicht unrecht, als er auf die Gefahrenmomente hinwies - und es wäre heute Geschichtsklitterung zu sagen, der Lafontaine hätte damals falsch gelegen. Doch die Menschen wollten Oskars Argumente nicht hören. Und in der repräsentativen Demokratie wird nur der gewählt, der dem Volk aufs Maul schaut - um es mit Martin Luther zu sagen. Man muss natürlich versuchen, folgende zwei Sachen miteinander zu verbinden:

Sowohl zuhören, was das Volk will, weil man nicht an ihm vorbei regieren kann - und zugleich visionär das beschreiben, was nötig ist zu tun. Genau das hat Willy Brandt getan. Er sagte in Gotha: „Die Einheit hat keinen Preis - aber wir müssen sie uns etwas kosten lassen."

Die fiskalische Diskussion, angeführt von Oskar Lafontaine, führte im Osten dazu, dass die Menschen dachten: „Der Oskar will uns nicht." Und deswegen wählten sie die SPD auch nicht. Die Bonner Genossen in der SPD-Baracke wollten und konnten das nicht verstehen - sie erwarteten euphorisch triumphale Erfolge in den einstigen SPD-Hochburgen Thüringen und Sachsen. Unsere Warnungen wurden nicht gehört. Wir standen zwischen allen Fronten.

Aus heutiger Sicht war die schnelle Wiedervereinigung der einzig richtige Weg. Eben wie Willy Brandt es uns am 27. Januar 1990 in Gotha mahnend mit auf den Weg gab: „Der Zug der Deutschen Einheit rollt - Ihr müsst nur aufpassen, dass keiner dabei unter die Räder kommt." Und: „Bestraft die kleinen Sünder nicht zu sehr, aber passt auf auf die Großen."

In meiner ersten Wahlperiode war es durch die Vielfalt und das breite politische Spektrum der fünf Fraktionen, die es gab, immer sehr interessant - nicht zuletzt auch durch einige Urtypen mit Charisma, die dort in allen Fraktionen zu finden waren. Ich will jetzt bewusst keine Namen nennen, um keinen gesondert herauszuheben. Das war ein Punkt, der mich begeistert hat. Und ich glaube schon, dass das etwas Besonderes war. Der andere Punkt war, dass uns die Vielfalt in der Opposition dazu gezwungen hat, miteinander und nicht gegeneinander zu arbeiten, um einigermaßen erfolgreich zu sein. Und diese Vielfalt hat auch eine Breite in der Diskussion ermöglicht, die weit über die jeweiligen Parteien-Standpunkte und Partei-Grenzen hinausreichte.

Und wir, die SPD-Fraktion, haben damals - was heute kaum mehr möglich wäre – als Opposition mitgestaltende Gesetzeskraft gehabt. So etwa bei der Schülerspeisung, die auf Oppositionsantrag in den Gesetzentwurf der Regierungskoalition aufgenommen wurde. Oder auch in den Ausschüssen, welche die Gesetzes-Entwürfe vorbereiteten: Da gelang es uns beispielsweise im Bildungsausschuss, dass die Erzieherinnen und Erzieher als Landesbedienstete und nicht als Angestellte der Kommunen eingestuft wurden. Dies hat positive Auswirkungen bis heute: Wir haben damit ein politisches Ziel umgesetzt, nämlich den Schulhort zu retten! Die Kommunen hätten das finanziell gar nicht leisten können. Und mit einem Mal hatte der Finanzminister mehrere Tausend Landesbedienstete mehr zu bezahlen, aber für die Kinder haben wir den Schulhort in Thüringen an den Grundschulen erhalten. Da bin ich noch heute begeistert über dieses Husarenstück der damaligen Opposition.

Mit Genugtuung erinnere ich mich auch daran, dass die SPD-Fraktion im ersten Thüringer Landtag noch vor der Landesregierung einen kompletten Schulgesetzentwurf eingebracht hat. Das war ein Novum - da waren selbst die bayerischen Berater der CDU-Kultusministerin Christine Lieberknecht überrascht. Uns ist es gelungen, viele gute Dinge aus unserem Entwurf in das spätere Gesetz hineinzubringen. Und es hat sich in der Praxis bewährt.

Heute sage ich, wir waren damals etwas klemmig und zu vorsichtig. Wir hätten wirklich zum großen Wurf ausholen und uns von unseren Genossen in NRW nicht reinreden lassen sollen. Wir wollten damals schon eine achtjährige gemeinsame Schulzeit im Gesetz festschreiben. Es war genau das, was heute in der PISA-Studie gefordert wird - das längere gemeinsame Lernen. Damals hätten wir es machen können. Die Schulgebäude waren vorhanden, die ideologische Überfrachtung aus der DDR hätten wir über Bord geworfen. Aber damals war die - ich sage mal - Gläubigkeit an den Westen noch zu groß. Und wir haben uns von der CDU erschrecken lassen, die uns vorwarf, wir wollten mit der „Gesamtschule" wieder die „SED-Einheitsschule" einführen. Solche Formulierungen waren damals Totschlag-Argumente.

Die zweite Legislatur-Periode in der Großen Koalition war dann im Unterschied zur ersten von Handlungskompetenz geprägt. Inzwischen wussten die Abgeordneten ganz konkret mit dem Prozedere umzugehen. Und als die SPD der Regierungspartner der CDU wurde, hatten wir noch größere Gestaltungskompetenzen. Das hat Freude und Spaß gemacht. So konnte ich da Einiges für meinen Wahlkreis durch Landesfördermittel ankurbeln, wie etwa die Sanierung des Stadions, den Bau des neuen Helios-Krankenhauses sowie den Umzug der Verwaltungsfachhochschule von Weimar nach Gotha.

10. Wartburg und unsere Verfassung - 1993

In meiner ersten, vier Jahre dauernden Legislaturperiode war ich nun im Innen- und Bildungsausschuss tätig. Die Fraktionsführer hatten alle zusammen den Verfassungsausschuss gebildet und erarbeiteten gemeinsam die neue Verfassung Thüringens. Diese Verfassung erhielt dann über neunzig Prozent Zustimmung der Bevölkerung bei den folgenden Landtagswahlen im Jahr 1994 und wurde über zwanzig Jahre kaum verändert.

Die Verfassung wurde am 25.10.1993 auf einer Parlamentssondersitzung in würdiger Atmosphäre auf der Wartburg in Eisenach beschlossen. Auf dem sonnigen Innenhof der Wartburg wurde vom 1. Präsidenten des Thüringer Landtages, Dr. Gottfried Müller, die neue Verfassung nach kurzer Stellungnahme der Fraktionsspitzen und nach der Abstimmung genau 3 Jahre nach der konstituierenden Sitzung des Landtages unterschrieben. Auch ich durfte als einer der Verfassungsväter meine Stimme dafür geben. Das war ein erhebender Moment, dass nun endlich ein neues Grundgesetz für unser neues Land, ab diesem Zeitpunkt als Freistaat Thüringen existierte. Den Tag will ich mal historisch nennen, obwohl er mehr mit der Zukunft als mit der Vergangenheit zu tun hatte.

Die Präambel der neuen Thüringer Verfassung fasst zusammen, wie unsere damalige Gemütsverfassung war. Wir durften eine neue Verfassung verfassen und damit die Grundlage für alle Gesetze und Regelungen legen, die in unserem Land folgen sollten und auf der Verfassung aufbauen. Wir durften den Gesetzesrahmen beschließen und eine Richtung für unser Land demokratisch festlegen. Diese Präambel lautet wie folgt:

„In dem Bewusstsein des kulturellen Reichtums und der Schönheit des Landes, seiner wechselvollen Geschichte, der leidvollen Erfahrungen mit überstandenen Diktaturen und des Erfolges der friedlichen Veränderungen im Herbst 1989, in dem Willen, Freiheit und Würde des Einzelnen zu achten, das Gemeinschaftsleben in sozialer Gerechtigkeit zu ordnen,

Natur und Umwelt zu bewahren und zu schützen, der Verantwortung für zukünftige Generationen gerecht zu werden, inneren wie äußeren Frieden zu fördern, die demokratisch verfasste Rechtsordnung zu erhalten und Trennendes in Europa und der Welt zu überwinden, gibt sich das Volk des Freistaats Thüringen in freier Selbstbestimmung und auch in Verantwortung vor Gott diese Verfassung".

Du kannst Dir leicht vorstellen, dass mir diese festgeschriebene Verantwortung vor Gott, unserem Schöpfer, besonders gut gefallen hat. Wir sind als Menschen nicht selbst die höchste Autorität, sondern es gibt eine Autorität über uns. Dessen war ich mir damals schon sicher.

Ein Jahr später 1994 kam ich wieder für die Landtagswahlen auf die Landesliste auf Platz 24 und wurde zum Glück wiedergewählt. Meine zweite Legislaturperiode arbeitete ich dann fünf Jahre lang im Innenausschuss.

11. Familienleben und unser Hausbau - 1996

Ich besuchte selbstverständlich auch die Kirchengemeinden in meinem Wahlkreis. So kam ich unter anderen zur Evangelisch-Freikirchlichen Gemeinde Gotha. Die moderne Musik sprach mich an, die lebendige Predigt auch. Doch als Politiker konnte ich mit niemandem über meine Empfindungen reden. Das konnte ich nur zu Hause.

Bild: meine Familie (privat)

Ja, wir waren ein Lehrerehepaar mit zwei Kindern. Das ist gleichzeitig schön und anspruchsvoll - das weiß jeder, der Kinder hat. Und es hätte kompliziert werden können, als ich Politiker wurde. Denn es war klar, dass es mich viel Zeit kosten würde, als Politiker tatsächlich für die Menschen und meine Wähler samt ihren Belangen da zu sein. Und genau deshalb hatten Bärbel und ich vorher darüber gesprochen und uns geeinigt. Es war klar, dass ich diesen Job habe und viel Zeit brauche, um ihn gut machen zu können. Meine Bärbel hat mir den Rücken freigehalten und alles andere geregelt, wie wir es gemeinsam abgesprochen hatten. Ohne meine Bärbel hätte ich wirklich keinen guten Job machen können. Später habe ich den Satz gehört: „Hinter jedem starken Mann steht eine noch stärkere Frau". Und genau das ist es, was ich in Bärbel hatte und habe: eine richtig starke Frau, die in allen Höhen und Tiefen meines Lebens nun schon über 45 Jahre lang an meiner Seite war und ohne die ich vieles nicht geschafft oder gar überstanden hätte. Dafür will ich mich an dieser Stelle von ganzem Herzen bei meiner lieben Frau bedanken. Vor allem in meiner Zeit als Landtagsabgeordneter war sie eine besondere Kraftquelle für mich! Rundum dankbar wundere ich mich, wie meine Bärbel das leisten konnte und doch selbst so viel Kraft für sich und die Familie extra noch aufgebracht hat. Mit jedem Tag werde ich dankbarer, dass Gott mir genau die richtige, wundervolle und einzigartige Frau an die Seite gestellt hat und immer noch mehr und mehr lieben lässt. Bärbel ist irgendwie göttlich für mich und Gott ist großartig wunderbar! Gott ist die Liebe! So heißt es ja in unserem Trauspruch aus 1. Joh 4,16:

"Gott ist die Liebe. Und wer in der Liebe bleibt, der bleibt in Gott und Gott in ihm."

Und was auch ganz wichtig war: Wir hatten gemeinsame Interessen, so dass wir die wenige freie Zeit auch gemeinsam und vor allem auch mit Freude nutzen konnten. Zum Beispiel musizieren und wandern wir beide gerne. Und egal ob es kurze oder längere Wanderungen waren: gemeinsam mit Freude in der Natur unterwegs zu sein hat unseren gemeinsamen Lebensweg natürlich und gemeinsam gemacht und immer wieder mit Freude gefüllt. Auch dass ich mit meinen Schwiegereltern ein richtig gutes Verhältnis hatte und wir als Familie dort oft am Wochenende einen Rückzugsort gefunden hatten, war durchaus guter Familienzeit zuzurechnen. Auf einem Spaziergang entstand das folgende kleine Gedicht:

Ich trinke die kühle Frische des Morgens,
und all meiner grünstrotzenden Freunde im Park.
Keiner der Düfte bleibt mir verborgen,
dringt in mich ein, versinkt, macht mich stark.

Ja, sicherlich sind die Familienzeiten in den Jahren meines Politikerdaseins zu kurz gekommen. Es tut mir leid und als Vater auch weh, wenn sich mein Sohn Thomas nur an die gemeinsamen Urlaube erinnern kann, weil er mich sonst grad in der Woche wohl eher selten erlebt hat. Da hat es auch überhaupt nicht geholfen, wenn er mich von Zeit zu Zeit an allen Ecken auf den Wahlplakaten gesehen hat. Ich bin froh und dankbar, dass wir jetzt trotzdem oder erst recht ein gutes Verhältnis miteinander haben.

Teilweise kam meine Familie an den Samstagen einfach mit zu den Veranstaltungen wie Kinderfeste oder ähnliches, wohin ich eingeladen wurde oder mich sehen lassen sollte. So hatten wir doch ein wenig mehr gemeinsame Zeit. Die Sonntage waren allerdings sozusagen heilige Familienzeit. Ich bin sehr froh und vollen Dankes, dass sich unsere beiden Kinder gut entwickelt haben, studieren konnten und nun einen guten Job haben.

Unser Enkel Julian verbrachte gern viel Zeit mit uns in seiner Kindheit. Wir musizierten, wanderten oder spielten Fußball, Federball oder fuhren Fahrrad zusammen. Ach wie haben wir doch unseren Enkelsohn ins Herz geschlossen.

Nach meiner Wiederwahl zur zweiten Legislaturperiode in den Thüringer Landtag wurde uns geraten, doch ein eigenes Haus zu bauen, was uns monatlich nicht mehr als die Miete in Gotha kosten würde und uns nach zwanzig Jahren wirklich gehört. Da ich mir sowieso ein eigenes Haus gewünscht und es auch Bärbel versprochen hatte, war es nun wohl der richtige Zeitpunkt. Ein passendes Grundstück in einem Ortsteil von Gotha hatte sich bald gefunden.

Ich hatte eine Studentin kennengelernt, die für einen Architekten arbeitete. Und ich hatte einige Textzeilen von Kurt Demmler, die ich für unser zukünftiges Haus passend fand und welches auch diese Studentin sofort überzeugt hat:

Große Fenster wünsch ich allen Menschen,
die Gardinen spärlich nur und dünn,
dass die Einsicht und die Aussicht groß sind,
so wie ich selber gern von beiden bin.

So sollte sich in dem Haus mein eigenes Wunschverhalten spiegeln, nämlich dass ich selbst gern offen und transparent bin, mich öffnen kann und nicht verbarrikadieren mag. Ich will nach innen schauen, aber gleichzeitig auch nach außen sehen. Ich will keine Mauern um mich herum bauen.

Und es sollte innen wie außen funktional sein, wie zum Beispiel die Doppelgarage direkt am Haus. 1996 hatten wir dann unseren Rohbau begonnen und diesen überwintern lassen. So konnten wir schon 1997 in unser neues Haus einziehen. Auch hier standen uns unsere liebe Patentante Brigitte und Onkel Hans hilfreich zur Seite.

12. Sport und Wacker 07 - 1997

Viele wussten, dass ich Gothaer bin. Wenn ich irgendwo nach vorn ging und sprechen sollte, war natürlich immer auch Gotha das Thema. Ja, es war und ist meine Heimatstadt, für die ich mich gern und besonders einsetze.

Nun gab es einen Sportverein in Gotha, der Motor Gotha genannt, aber einst als Wacker 07 Gotha im Jahr 1907 gegründet wurde. Es war neunzig Jahre danach 1997 ein Mehrspartenverein mit über tausend Mitgliedern. Die wichtigste Abteilung war Fußball, aber auch Boxen, Judo, Frauengymnastik, Kegeln, Damenbob als Wintersport usw. gab es. Jetzt suchte man eine neue Führungspersönlichkeit, die stadtweit und darüber hinaus bekannt war. So wurde ich um eine Kandidatur als Präsident des Sportvereins gebeten. Dabei hatte ich vom Sport nicht so viel Ahnung, ich kannte im Fußball und beim Boxen ein paar Regeln. Ich erkannte aber, dass der Verein wichtig ist und nicht den Bach runtergehen darf.

Die Versammlung fand in der Aula des Arnoldi-Gymnasiums statt mit sehr vielen Mitgliedern. Ich wurde und hatte mich dort den Anwesenden vorgestellt. Und man wählte mich sofort zum Präsidenten des Sportvereins Wacker 07 Gotha, auch wenn mich sicher nicht jeder kannte. Ich konnte wohl auch schlecht nein sagen und war nun in einer weiteren Verantwortung. Ich führte den Verein sieben Jahre lang.

Mir war es wichtig, den Verein als starken Mehrspartenverein zu erhalten. Mir wurde zwar gesagt, ich müsse nur präsidieren und nichts weiter machen, aber dem war nicht so. Es waren dort gute Leute, mit denen ich auch wunderbar zusammenarbeiten konnte. Trotzdem war es ganz schön viel Arbeit für mich, denn ich war zuständig, dass genügend Geld herzukam. Die Boxer wollten eine eigene Boxhalle. Die Box-Chefs wie auch die Judoka-Leiter waren anerkannte und bewährte Sportler mit internationalen Erfahrungen.

Ich hatte mich für die Sanierung des Fußballstadions schon vor meiner Präsidentschaft mit eingesetzt. Danach kam noch ein Kunstrasenplatz dazu. Die Kegler bekamen daneben eine neue Kegelhalle.

Für die Boxer hatte ich eine etwas verfallene Turnhalle einer ehemaligen Schule anvisiert. Wir luden den mit mir befreundeten Gothaer Oberbürgermeister samt Presse zu einem Ortstermin ein. Die Boxer waren alle da und hatten probehalber einen Ring aufgebaut, weil dem OB und der Presse ein bisschen was angeboten werden und somit ein Schaukampf stattfinden sollte. Ich sollte also mit dem Weltklasse-Boxer und meinem Vizepräsidenten Mike Creutzburg in den Ring steigen für einen angetäuschten Kampf. Nun, ich musste ja einwilligen, aber sagte ihm: „Pass auf, dass du mich nicht haust, denn ich kann dann nicht reagieren." Also haben wir Show-mäßig gekämpft, bis er mich doch etwas härter erwischt hatte und ich zu Boden ging. Aber im Fallen und vor lauter Überraschung habe ich ihm eine verpasst, so dass auch er umfiel. Die Vorführung war ein voller Erfolg und wir haben die Halle von der Stadt bekommen, mussten sie allerdings als Verein selbst sanieren. Das haben wir getan.

Die Fußballmannschaften waren recht gut und hatten einen wunderbaren und ehrgeizigen Trainer Frank Stein - ein Urge-Stein dort. Diese sind erfolgreich gewesen und sind mehrmals aufgestiegen bis in die Oberliga.

13. Gerhard und mein Politik-Aus - 1999

Im Jahr 1998 wurde auf Bundesebene nach der langen Helmut-Kohl-Ära ein Wechsel zur rot- grünen Politik vollzogen. Unseren neuen Bundeskanzler und SPD-Genossen Gerhard Schröder lernte ich anlässlich der 125-Jahrfeier des Gothaer Programms im historischen Gothaer „Tivoli" im Mai 2000 kennen. Besonders herausgefordert wurde ich dabei, als der Gemeindeleiter Volker Hase mich bat, dem damaligen Bundeskanzler einen Brief zu überreichen, da er selbst ja erwartungsgemäß nicht so nah an meinen Parteivorsitzenden herankommen würde. Der Brief enthielt wohl ein Gebet und ein persönliches Wort von ganz oben an ihn, welches auch direkt persönlich übergeben werden soll. Da konnte ich mich nicht verweigern, denn offensichtlich war da Gott mit im Spiel.

Bild: Bundeskanzler Gerhard Schröder (Mitte) mit mir (links) (Quelle privat)

Als wir zu einem Fototermin aufgestellt wurden und der Bundeskanzler direkt neben mir stand, griff ich in meine Jacketinnentasche und reichte dem Bundeskanzler den Brief mit den Worten: „Schau mal Gerhard, hier ist ein Brief von einer Gemeinde mit einem persönlichen Wort, den ich Dir persönlich übergeben soll." Da griff auch schon ein Sicherheitsmann über meine Schulter und wollte mir den Brief aus der Hand reißen – klar, da hätte ja sonst was drin sein können. Aber Gerhard Schröder selbst signalisierte sogleich Entspannung und nahm den Brief entgegen. Was ich allerdings wirklich nicht erwartet hätte: Der Kanzler bedankte sich später schriftlich bei der Gemeinde, die für ihn betete. Ich erfuhr davon, weil ich Volker Hase darum bat, mich zu informieren, falls es darauf eine Reaktion gäbe.

ZWISCHENWORTE

Volker Hase: Der Kanzler kommt

„Es war im Jahr 2000 – ich war zu dieser Zeit Gemeindeleiter einer Gemeinde in Gotha.

Ich saß friedlich in meinem Büro und las in der Zeitung. Da stand doch darin, dass der damalige Kanzler nach Gotha kam. Normalerweise interessierte mich so etwas in keinster Weise. Politische Dinge waren mir fern wie Frühstück vom Abendbrot.

Doch plötzlich sprach der Heilige Geist zu mir und sagte: „Schreibe, was ich dir jetzt sage!" Es war eine prophetische Botschaft an den Kanzler. Der Herr wollte, dass ich dort dabei bin und ihm diese Botschaft übergebe. - „Hilfe – Herzklopfen kostenlos ...!"

Jetzt nur die Kurzfassung: Helmut (der auch schon vorher Willy Brandt und andere Politiker in diesem Format nach Gotha holte) hat dann letztendlich diesen Brief an den Kanzler übergeben. - Es kam auch ein entspre-

chendes Antwortschreiben an mich zurück.

Nun, - das war aber nur das „Nebenschauspiel". Das eigentliche Anliegen des Herrn bestand darin, dass Helmut und ich uns danach einige Male zu Gesprächen trafen.

Helmut war für sich persönlich an einer Stelle seines Lebens angekommen, wo er selbst sehr über den Sinn des Lebens nachdachte – und viele, ja sehr viele Fragen bezüglich des lebendigen Gottes hatte. Auf diesem Wege sind wir Freunde geworden.

Weitere zwei Jahre konnte ich Helmut in den verschiedenen politischen und gesellschaftlichen Ämtern, die er innehatte, begleiten und beraten. Ich hatte zwar immer noch keine Ahnung von Politik, habe aber unter diesem Gesichtspunkt das Wort Gottes studiert und konnte aus der Weisheit Gottes heraus entsprechenden Rat geben."

Das Jahr 1999 brachte für mich durch die Landtagswahl das abrupte Aus als Berufspolitiker. Ich habe es wohl geahnt - aber ich wollte es nicht wahrhaben und das Glück erzwingen. Ich war der Versuchung erlegen, als Einzelkämpfer gegen die allgemeine, für die SPD ungünstige politische Großwetterlage gegenhalten zu können. Ich war der Auffassung, ich müsse besonders viel an der Basis tun. Ich wollte unbedingt als Direktkandidat gewinnen - und nicht nur über den damals noch als sicher geltenden Platz 24 auf der SPD-Landesliste in den Landtag kommen. Denn fünf Jahre zuvor bei der Wahl 1994 fehlten mit schließlich nur ganze zwanzig Wählerstimmen zum Direktmandat. Nur zwanzig! Das muss doch jetzt zu schaffen sein!

Nach der Wahl wusste ich, dass das ein Trugschluss und ein teurer Irrtum war, der mich damals für den Wahlkampf rund 30.000 D-Mark - also mehr als 15.000 Euro - meines persönlichen Geldes gekostet hat. Geld, das meine Frau und ich stattdessen lieber zum Abzahlen des Kredites für unser 1997 gebautes Haus verwendet hätten. Doch die von mir in Auftrag gegebenen Großplakate waren halt sehr teuer.

Kurz gesagt fiel mir und den anderen nicht wiedergewählten Thüringer SPD-Landtagsabgeordneten der rot-grüne Dilettantismus von Gerhard Schröders Ministerriege im ersten Jahr seiner Bundesregierung auf die Füße. Für uns als Landespolitiker war es äußerst schwer oder eher unmöglich, sich davon abzugrenzen. Meine Erfahrung ist, dass die Bundespolitik immer auf die Wahlergebnisse bei Landtags- und Kommunalwahlen durchschlägt.

Hinzu kamen unsere hausgemachten Thüringer SPD-Führungsprobleme - der nicht ausgefochtene, innerparteiliche Richtungsstreit um die Gretchenfrage „Wie halten wir es mit der PDS?" und damit die unbeantwortete Frage über mögliche Koalitionsmodelle. Und da verkörperten unser SPD- Spitzenkandidat und Innenminister Dr. Richard Dewes und unser stellvertretender Ministerpräsident und Forschungs- und Kulturminister Dr. Gerd Schuchardt genau gegensätzliche Positionen.

Für mich war der Verlust des Landtagsmandates sehr bitter und hart, ja ich bin hier so offen und ehrlich - sogar existenzgefährdend, denn die Banken wollen ihre Kreditraten pünktlich jeden Monat, sonst ... - ja, es hat mir sehr, sehr weh getan, ich war tief getroffen, weil ich mich ungerecht aus dem Rennen geworfen fühlte - auch weil ich mit so einem hohen persönlichen Einsatz an die Sache rangegangen war. Ich habe lange gebraucht, um persönlich damit fertig zu werden. Weil ich es auch leider fälschlicherweise sehr persönlich genommen habe und dachte, die Wähler hätten mich für irgendetwas abgestraft, was andere zu verantworten hätten, nämlich die Genossen in Berlin. Dabei hatte ich mich - das kann ich mit Fug und Recht sagen - voll und ganz eingebracht, und das neun Jahre lang und nicht nur im Wahlkampf. Erst allmählich dämmerten mir die tatsächlichen Zusammenhänge.

In der Konsequenz hieß der Verlust des Landtagsmandats für mich, genau wie zehn Jahre zuvor wieder ganz neu, ganz von vorn und wieder ganz unten anfangen zu müssen. Da habe ich Demut lernen dürfen, dass eben nicht alles von unserem eigenen Willen und Tun abhängt, weil es einen höheren Willen gibt. Wie heißt es so schön: „Bei Wahlen, vor Gericht und auf hoher See sind wir in Gottes Hand." Das habe ich schmerzvoll erfahren dürfen: die Gnade, sich beugen zu können, in die „Wüste geschickt" zu werden - in meine Schule des Lebens. „Der Mensch denkt – Gott lenkt!"

Vorher bekam ich als Abgeordneter für alle möglichen und unmöglichen Anlässe wie selbstverständlich Einladungen - und die blieben auf einmal schlagartig aus. Da wird einem erst klar: Diese Einladungen galten mir als Mandatsträger, nicht mir als Privatperson. Doch Gott sei Dank habe ich mich nie zu wichtig genommen. Und mir war klar, wenn es mir auch nicht immer bewusst war, dass das ein Amt auf Zeit sein würde.

Für mich begann damit eine Phase der Neuorientierung: Wie geht es mit mir weiter? Was will ich machen, und was kann ich machen? Eine treffende und zugleich schmerzhafte Zeitungsüberschrift lautete damals: „Helmut Rieth im freien Fall".

Man darf nicht in die Politik gehen und darauf hoffen, dass das eigene Engagement belohnt wird. Politik kennt keine Dankbarkeit. Das war eine leidvolle Erfahrung für mich - und eine heilsame dazu, weil dadurch meine Erwartungshaltungen realistischer geworden sind.

Trotzdem oder gerade deshalb möchte ich sagen: Es waren sehr erfolgreiche Jahre und zugleich die intensivste Zeit meines Lebens, in denen viel passierte und wo ich ein wenig politisch mitgestalten durfte. Ich bereue nicht einen einzigen Tag davon.

14. Mosesberg und meine Erleuchtung - 2000

In einer Auslage eines Gothaer Reiseunternehmens hatte ich im Januar 2000 ein Plakat gesehen, welches mich magisch angezogen hatte: Darauf stand: „Kommen Sie zum Moses-Berg, dem schönsten Sonnenaufgang auf Erden." Der 2285 m hohe Berg auf der ägyptischen Halbinsel Sinai wird auch Berg Sinai bzw. Berg Horeb genannt. Die reguläre Straße endet in 1585 m Höhe am Katharinen-Kloster. Die letzten 700 Höhenmeter zum Gipfel können nur noch zu Fuß oder per Kamel fortgesetzt werden.

Voller Begeisterung erzählte ich es Bärbel und sie sagte: „Helmut, fahr dahin, aber nicht mit mir." Sie arbeitete ja in der Landeszentrale für Politische Bildung in der Thüringer Staatskanzlei und konnte sich dafür nicht einfach frei nehmen. Aber ich war begeistert und entschlossen und wollte es mir selbst auch beweisen, dass ich den schwierigen Aufstieg mit den 4000 Stufen noch vor Sonnenaufgang schaffe! Ja, irgendwie wurde ich getrieben, aber auch gerufen auf den Mosesberg, zum Berg des Herrn, wo Moses die Gesetzestafeln mit den Zehn Geboten von Gott erhalten hatte.

Die Vorbereitungen gingen recht schnell, denn schon einen Monat später flog ich alleine zum ersten Mal in meinem Leben nach Ägypten. Und schon das war kein Zufall, denn dass ich dadurch ausgerechnet dieses Land Ägypten kennenlernen sollte, hatte einen Grund, der sich erst Jahre später für mich erschloss. Ich bin mir sicher, dass es Gott damals schon im Blick hatte, was ich später mal mit Ägypten zu tun bekomme. Er hat einen Plan, auch wenn man den nicht immer erkennen kann.

Der andere Zufall, der keiner war, war das Datum des geplanten Aufstieges: Es sollte am 22.02.2000 passieren. Später erklärte mir jemand, der sich in der hebräischen Zahlenkunde auskennt, folgendes: In dem Datum steckt 4 mal die 2, was selbst nach Adam Ries 8 ergibt. Die Zahl 8 hat eine spirituelle Bedeutung. Der 7. Tag ist der Shabbat, und „am 1.Tag der Woche" war das Grab leer. Der 8. Tag und damit auch die Zahl 8 weisen auf die Auferstehung und das Auferstehungsleben hin.

Ich flog also nach Ägypten. Später fuhr ich mit einem Kleinbus die drei Stunden von Sharm el Sheikh durch die Wüste Sinai zum Katharinenkloster, um von da ganz früh am Morgen – naja, es war eher mitten in der Nacht – den Aufstieg zu wagen. 4000 Stufen hoch zu klettern war nicht ganz so einfach für mich. Mein Führer, den ich dort im Hotel gefunden hatte, war immer weit vor mir, denn er war durchtrainierter Marathonläufer. 4000 Stufen durch die Nacht! Wie kam ich nur auf so eine Schnapsidee, wiewohl dieser dabei keine Rolle gespielt hatte. Ich war schon beim Aufstieg so kaputt und wusste, dass ich ja auch noch runtersteigen musste. Diese Gedanken hatten meine morgendliche Aufstiegslaune anfangs so dunkel gehalten wie der Himmel über uns. Oh, es war soo lang, so zäh, so anstrengend und so kalt!

Aber nun war ich einmal hier und wollte ganz bis hoch, also biss ich so gut es ging die Zähne zusammen. Der Marathonläufer war manchmal so weit vor mir, dass ich ganz alleine durch die Nacht keuchte. Plötzlich war eine Stimme in mir, aber auch gleichzeitig neben mir - so dass ich mich immer wieder nach links und rechts umschaute. Diese Stimme hörte ich mehrmals ganz ruhig sagen: „Ich bin, der ich bin. Ich bin, der ich bin." Klar war ich im ersten Moment erschrocken, weil ich ja niemanden sah, aber dann spürte ich immer mehr eine so durchdringende Liebe. „Ich bin, der ich bin." Und ich war nicht alleine. Das war eine Begegnung der besonderen Art, deren Bedeutung ich erst später erkannt habe.

3996, 3997, 3998 – nein, ich hatte nicht mitgezählt, denn wer mich kennt, weiß, dass ich mit Zahlen nicht so kann – aber ich sah jetzt die letzten beiden Stufen vor mir und dann hatte ich es endlich geschafft! Am Ende der Nacht zum 22.02.2000 stand ich in 2285 m Höhe ganz oben auf dem Mosesberg. Geschafft. Ja, der Aufstieg war geschafft. Ich hatte es mir bewiesen, dass ich mit meinen 46 Jahren nicht zum alten Eisen gehöre, dass ich es schaffen kann. Was für eine Gipfelerleichterung! Und dann kam tatsächlich der Sonnenaufgang und ich kann bestätigen: Es ist der schönste Sonnenaufgang auf Erden! Das war so beeindruckend – ein Druck wie der eines Stempels direkt auf meine Seele, die nun hocherfreut - wie übrigens der ganze Kerl - langsam aufatmen konnte.

Und dann passierte es, was ich nun gar nicht erwartet hatte, denn es war so schon ein perfekter Moment: Der allererste Sonnenlichtstrahl traf mich wie ein Photonenstrahl mitten zwischen die Augen, so als wäre ich durchleuchtet und erkannt worden. Wenn Photonen physikalisch gesehen auf einen Körper auftreffen, geben sie unmittelbar nach ihrem Eintritt in den Körper bereits Energie ab. Aber in diesem Moment war es viel mehr, viel gewaltiger. Es schoss ein Lichtstrahl

Erste Sonnenstrahlen auf dem Mosesberg (privat)

in mich hinein wie ein Scanner. Ich spürte etwas in mir und über mir, es war plötzlich taghell. Es war eine, ja es war meine Erleuchtung! Ich hatte die Erkenntnis, erkannt worden zu sein, durch und durch von dem Höchsten. Nun war ich auf dem Weg, neu glauben zu lernen.

Der nächste Weg, der nun erst einmal direkt vor mir lag, war der Abstieg. Danach ging es mir gesundheitlich sehr schlecht, ich konnte kaum mehr laufen oder mich überhaupt auf den Beinen halten. Die 4000 Stufen auch wieder runter zu laufen war wohl eine gelinde gesagt blöde Idee für einen sportfernen Touristen. So sehr ich innerlich im Geist durch diese Erleuchtung aufgebaut war, so sehr war mein Körper in diesem Moment zu einer kraftlos-verwelkten Hülle abgebaut. Irgendwie wurde ich vom Marathonläufer ins Hotel zurückgeschleppt und ins Fitnessstudio gebracht.

Ein junger Ägypter namens Amr Fathy El Bastawesy lief dort auf mich zu und fragte, ob er mir helfen könne. Ich muss sehr schlecht ausgesehen haben und so massierte er mich später. Das war mein erster direkter Kontakt mit einem Moslem. Er wollte mir helfen und hat vor allem meine Beinmuskeln, die knüppelhart waren, eine halbe Stunde massiert. Danach konnte ich wieder laufen. Es war ein göttliches Timing.

Bild: Amr Fathy El Bastawesy und ich nach dem Abstieg (privat)

Er bemerkte mein Kreuz an meiner Halskette und so kamen wir ins Gespräch. Er kannte Jesus nur als Prophet, nicht als Gottes Sohn. Er meinte beim Abschied, dass ich zurückkommen muss. Oh - warum denn? Er hatte den Eindruck, dass ich wiederkomme und wir zusammen den

Mosesberg besteigen. Und er wollte mir das wirkliche Ägypten zeigen. Ich sagte mit der Bedingung zu, dass ich nur dann komme, wenn wir in einem Jahr noch Kontakt haben.

Zurück daheim konnte ich dann endlich auch meiner Bärbel von diesen Erfahrungen ausführlich berichten. Ich hatte vom Mosesberg einen tiefen inneren Frieden mitgebracht. Die Angst und die Sorge, wie es nun weitergeht mit mir, die war zwar noch immer da, aber sie war nicht mehr so platzeinnehmend vordergründig.

Für mich ist im Nachhinein diese Reise und vor allem der Aufstieg zum Mosesberg der Neubeginn eines Lebens, das mich ab jetzt Schritt für Schritt stetig näher zu Jesus bringen sollte. Wie gut, wie stark wäre es doch, wenn man so wichtige Lebensstationen im Voraus schon einordnen und deren Bedeutung sogleich erfassen könnte! Vielleicht wäre das aber auch zu viel für die menschliche Seele.

Amr und ich telefonierten oft und ich interessierte mich für ihn. Irgendwann bei einem Telefonat erzählte ich ihm auch mehr von meiner Familie und dass wir zwei Kinder haben, obwohl ich persönlich mir immer drei Kinder gewünscht hatte. Darauf sagte er: „Dann lass mich doch dein drittes Kind sein." Ich fragte verwundert zurück: „Ja wie soll das denn gehen?" Darauf antwortete Amr ganz einfach: „Let me be your spirit son. Lass mich dein Sohn im Geist sein."

Und Amr wurde mein erster Sohn im Geist Jesu. Und auch mein English-Lehrer. Ja, ich fuhr nach einem Jahr wieder nach Ägypten. Und wieder und wieder. Amrs Familie aus Tanta hat mich aufgenommen. Sie waren für mich da, weil ich auch für ihren Sohn da war. Durch Amr hab ich Ägypten umfassend kennen- und vor allem lieben gelernt.

Bei einem meiner nächsten Besuche in Ägypten, die ich also nun jedes Jahr durchführte, wollte Amr mir auch Alexandria zeigen. Ich ahnte nicht eine einzige Millisekunde von dem, was mich mit dieser Stadt später noch verbinden würde – ist das nicht herrlich, wie der Herr Dinge vorbereitet, ohne das wir es wissen? Und diese Dinge passieren einfach so – jeden Tag, damit wir für Gottes Pläne vorbereitet werden. Es ist wunderbar, wenn wir wenigstens im Rückblick zur Erkenntnis gelangen, wie sich doch manches Göttliche fügen sollte. Und nur deshalb habe ich mir hier diesen kleinen, göttlichen Zeitsprung erlaubt.

Nun war ich also mit Amr in Alexandria und er zeigte mir seine künftige Wohnung. Dabei wusste ich gar nicht, dass er dort eine Wohnung hat. Er hat sie für sich und seine Freundin angekauft und nun sollte eine große Schluss-Rate bezahlt werden, sonst würde er die Wohnung komplett verlieren. Es war eine sehr große Summe, denn er musste umgerechnet 3300 Euro bezahlen. Als ich diese große Summe und von dem ganzen Problem hörte, da hatte ich plötzlich auf dem Herzen, dass wir beten sollten, Amr und ich. Nun wusste ich aber, dass er Moslem ist. Also haben wir nicht direkt gemeinsam, aber gleichzeitig gebetet – Amr gen Osten nach Mekka hin und ich ging derweilen in einen anderen Raum zum Beten. Ich fragte den Herrn, was ich machen soll, ob ich ihm helfen soll, aber die hohe Summe, hier ganz alleine … Und dann hörte ich tief in mir die bekannte Stimme mit einer inzwischen gewohnt kurzen Anweisung: „Gib ihm das Geld!". Das war so eindeutig von Jesus, dass ich ohne Rücksprache mit Bärbel mich zur nächsten Internationalen Bank bringen ließ und das ganze Geld abhob. Gut, das Abheben ging lange nicht so schnell wie es hingeschrieben wurde, denn es dauerte fast einen halben Tag, dort so viel Geld zu bekommen. Amr wusste nicht, wofür ich Geld brauchte. Ich sagte ihm nur, es dauert nicht lange, und er trank derweilen draußen seinen Kaffee. Als ich endlich fertig war, ging ich zu ihm raus, gab ihm die Tüte voller Geld und sagte: „Amr, dass schenken Bärbel und ich Dir, damit Du Deine Frau heiraten kannst." Ja ich weiß, Bärbel wusste davon gar nichts, aber in der Ehe gilt man vereint und das habe ich in Anspruch genommen.

Amr hingegen weigerte sich, wie es ägyptische, stolze Männer es eben tun müssen. Ja, wir seien Freunde, aber so viel Geld, das geht doch gar nicht. Ich erklärte ihm noch einmal, dass er das Geld als unser Geschenk nehmen soll, denn er muss die Wohnung erst kaufen und kann dann heiraten – folglich ist es unser Hochzeitsgeschenk. Amr aber blieb weiter stolz. Dann habe ich zu ihm gesagt: „Amr, ok, dann gib mir das Geld wieder und dann sind wir geschiedene Freunde, denn Freunde helfen sich gegenseitig." Ich bin also mit der Tüte voller Geld weggegangen und dachte, er wird schon hinterherkommen. Aber er kam nicht. Nun brauchte ich ihn ja aber, denn ich wusste nicht, wie ich sonst nach Hause käme. Ich war ja abhängig von ihm als meinem Chauffeur mit seinem kleinen, alten Lada. Der Lada war dann auch nach einiger Zeit unser Treffpunkt, weil ich sonst nicht heimgekommen wäre und er ja mit seinem Auto fahren wollte. Er hat dann das Geld genommen und sich herzlich bedankt, aber nie wieder ein Wort darüber gesprochen.

Apropos gesprochen: na sicher musste ich ja nach meiner Rückkehr mit Bärbel darüber sprechen. Vorher bin ich allerdings zu meinem ehemaligen Schüler Volker Hase gegangen, der mich bereits bei mancherlei Entscheidungen weise beraten hatte. Ich hatte es ja schon mal erwähnt, dass der Mut bei Hel-Mut hinten dran steht. Also hatte ich Volker Hase bei einem Essen die Geschichte erzählt. Nach einer Weile fasste er zusammen: „Helmut, Du hast damit Gott ein Geschenk gemacht, weil Du auf Ihn gehört hast. Gott lässt sich nichts schenken. Er wird es Dir zigfach zurückerstatten, mindestens zehnfach." Das klang spannend. Ich war jedenfalls gespannt, was sich daraus entwickeln sollte.

Dann ging mein Auto unreparierbar kaputt, mein Opel Vectra. Meine damalige Arbeitsstelle in Bad Berka lag fünfzig Kilometer entfernt, also musste ich einiges fahren und war auf das Auto angewiesen. Nun kannten wir einen Autohändler. Und er sagte, dass er etwas für mich hätte, genau das richtige Auto. Ja, ich war Wacker-Präsident und liebte auch so sportliche Autos, tiefergelegt und so weiter ... Er hatte einen silbergrauen Pfeil für mich – oh, der hat mir gefallen!!! Ja, das war mein Traumauto! Bärbel war dabei. Aber wir konnten uns das Auto nicht leisten, es sollte 33.300 Euro kosten.

Am Wochenende fuhr meine Bärbel wieder zu ihren Eltern und erzählte ihnen von dem kaputten und dem viel zu teuren Traumauto. Und da sagte ihr Vater, dass sie seit Jahren für uns angespart haben und wenn es jetzt dringend und nötig ist, dann könnten wir auch jetzt – ein Jahr vor unserer Silberhochzeit - schon das Geld bekommen, von dem wir überhaupt nichts wussten. So kam Bärbel nach Hause und zeigte mir ein Sparbuch, welches sie von ihren Eltern für uns mitgebracht hatte. Und es war genau die Summe drauf, die das Auto kostet. Gott ist soooo gut und lässt sich nichts schenken. Aber was mich bei dieser Geschichte am meisten bewegt und jedes Mal bis hin zur Gänsehaut zutiefst berührt, ist die Haltung meiner Bärbel, die in tiefer Liebe und bereitwillig zustimmte, unser ganzes Geldgeschenk für das Auto zu nutzen. Und auch die Liebe meiner Schwiegereltern ist herzergreifend gewesen. Ich bin so dankbar. Gott lebt in Beziehungen, weil Gott die Liebe ist. Und meine Schwiegereltern hatten mich wohl auch sehr lieb gewonnen.

15. THILLM und meine Rehabilitierung - 2000

Nach meiner erleuchtenden Ägyptenreise zum Mosesberg auf dem Sinai bereitete ich mich nun auf einen beruflichen Neuanfang vor. Ich hoffte, dass ich in meinem alten Lehrerberuf im neuen System wieder arbeiten dürfte.

Ich war nicht wenig überrascht und enttäuscht, als mir der damalige Staatssekretär im Kultusministerium sagte, dass das so einfach nicht ginge, denn ich hätte ja schließlich eine fristlose Kündigung in meiner Akte. Man sagte mir, dass man mich so nicht in den Thüringer Landesdienst übernehmen könne. Wieder und sofort begann ich, ins Bodenlose zu fallen. Wie konnte das denn sein? Wieso durfte das so sein?

Da ich völlig perplex und sprachlos war, konnte der Staatssekretär weiterreden und eine vage Möglichkeit des eventuellen Ausweges aus diesem Dilemma skizzieren: Ich könnte in den Landesdienst aufgenommen werden, wenn ich nachweisen könnte, dass meine Kündigung damals aus politischen Gründen geschehen war. Oha. Oje. O nein. Damals hatten 64 von 65 Kollegen gegen mich gestimmt – wer sollte nun nach so langer Zeit plötzlich für mich sein? Und wer würde das sein, wie sollte ich jemanden finden, wenn es überhaupt einen aufrechten Ehrlichen geben würde?

Es war sicherlich ein schwieriges Unterfangen, aber ich war ja im Recht und genau das wollte ich auch wiederhaben.

Es gab zwei aufrechte Frauen: meine damalige Fachgruppenleiterin Deutsch, Dr. Charlotte Herzig, und die frühere Direktorin Dr. Heide Wildauer, die so mutig waren.

Frau Dr. Herzig gab zu Protokoll, wie sie mit Drohungen des damaligen Parteisekretärs aufgefordert wurde, eine solche Beurteilung über mich zu schreiben, dass ich nie wieder als Lehrer arbeiten könne. Der

Deutsch-Fachgruppenleiterin wurde damals ihr Posten davon abhängig gemacht. Sie sagte nun aus, dass sie sich schäme, so etwas getan zu haben, es aber damals durch den Druck der Erpressung nicht anders tun konnte. Sie bat mich unter Tränen um Vergebung für ihr damaliges Handeln. Ich konnte und habe ihr vergeben.

Ich war sehr froh und dankbar, dass beide Frauen jetzt für mich einstanden. Die ganze Prozedur hat zwar ein halbes Jahr gedauert, aber ich wurde am Ende offiziell als politisch Verfolgter der DDR vom Landesamt für Rehabilitierung und Wiedergutmachung anerkannt.

Und so wurde der Weg frei zurück in den Thüringer Schuldienst. Ich bekam sogar die fünfzehn Dienstjahre als Lehrer anerkannt. Und ich durfte wieder Lehrer sein und sollte in einer Beruflichen Schule in Erfurt eingesetzt werden. Aber es kam ganz anders, als ich dachte. Der Mensch denkt, aber Gott lenkt.

Ich wurde ab 1. Oktober 2000 als Referent für Eine Welt, Globales Lernen und entwicklungspolitische Bildung abgeordnet zum THILLM, dem Thüringer Institut für Lehrerfortbildung, Lehrplanentwicklung und Medien in Bad Berka, welches dem Thüringer Kultusministerium nachgeordnet war. Dort war ich unter anderem zuständig für die inhaltliche Planung und Durchführung des 1. Thüringer Bildungskongresses. Das Thema „Bildung für eine nachhaltige Entwicklung" lag mir besonders am Herzen. Außerdem war ich verantwortlich für die Vorbereitungen, damit ein Projekt der UN – Weltdekade „Bildung für eine nachhaltige Entwicklung – 2005-2014" auch in Thüringen nach einem vom Landtag einstimmig beschlossenen Aktionsplan umgesetzt wird. Das war ein gewaltiger Brocken Arbeit und ich bekenne: „Aus eigener Kraft hätte ich das nie geschafft." Ich durfte den fraktionsübergreifenden Antrag dazu im Thüringer Landtag inhaltlich vorbereiten, obwohl ich kein Landtagsabgeordneter mehr war. Bei der Abstimmung im Landtag erhielt dieser Antrag nur drei Enthaltungen, aber keine Gegenstimmen und war somit überraschenderweise sogar einstimmig angenommen.

16. Krankheit und meine Spontanheilung - 2001

Eines Abends im Sommer 2001 stellte mir meine Bärbel im Bad eine einfache Frage: „Was sind das für Flecken auf deiner Schulter?" Da ich es nicht wusste, wurde ich doch ein wenig gedrängt, zeitnah einen Hautarzt zu besuchen und so konnte und wollte ich das nicht auf die lange Bank schieben. Also hatte ich wenig später an einem Mittwoch, den 15.08.2001, einen Termin bei einer Hautärztin.

Beide Flecken sollten sofort rausgeschnitten werden, gleich dort in der Hautarztpraxis. Der eine war auch schnell verabschiedet, nur der andere Fleck wollt überhaupt nicht weg, er saß wohl zu tief. Das hat sehr geschmerzt, es kam mir vor, als würde sie mir eine Rippe rausziehen. Ich sollte am nächsten Tag wieder zu ihr kommen, damit das mit einer örtlichen Betäubung entfernt würde. Aber ich war kaum zehn Minuten im Auto, da rief mich meine Hautärztin auf dem Handy an, dass ich am nächsten Morgen nicht zu ihr, sondern direkt in die Erfurter Hautklinik kommen soll, damit das dort rausgeschnitten wird.

An dem Abend zu Hause war es mir doch etwas flau im Magen, denn ich war verunsichert. Trotzdem hoffte ich, dass am Freitag beim Rausschneiden alles gut wird. Also fuhr ich am Freitagmorgen nach Erfurt in die Klinik zu Frau Prof. Linsel. Ich wurde untersucht und abgecheckt und man zeigte mir das Ergebnis in einem Bild: ein 1,8 mm großes Tiefenmelanom. Ich hatte keine Ahnung, was das sein sollte und erschrak mächtig bei der Erklärung: Schwarzer Hautkrebs, bösartig, aggressiv, lebensbedrohlich. Mir war plötzlich ganz zittrig zumute. Ich war am Boden zerstört. Meiner Bärbel ging es ebenso.

Die Ärztin sagte, dass es nur operiert werden kann und machte sofort für die nächste Woche einen entsprechenden Termin. Sie erklärte mir außerdem, dass sie vierzig Lymphknoten entfernen und vermutlich den linken Arm abnehmen und, falls der Krebs gestreut hat, wahrscheinlich noch andere Organe entfernen müssten. Ich bedauere Ärzte, die solche

Nachrichten wohl immer wieder mal überbringen müssen. Aber diesmal war ich der Empfänger und das war alles andere als nett. Über diese Prognose war ich durch und durch geschockt, ja erschüttert!!! Wie nah ich dem Tod doch auf einmal war! Dabei war ich gerade Mitte 40 und wollte noch eine ganze Menge Leben haben!

Völlig aufgelöst verlies ich die Erfurter Hautklinik und besuchte meinen Hausarzt in Gotha. Er legte unerwarteterweise noch eine Schippe drauf und sagte: „Nehmen Sie es ernst! Zu DDR-Zeiten haben wir bei so etwas Beine amputiert." Das hatte mich nun ganz und gar umgehauen.

Draußen musste ich erst einmal nach Luft schnappen und hatte plötzlich das Gefühl, eine innere Stimme zu hören. Diese sagte: „Geh zu Volker Hase." Volker Hase war ein ehemaliger Schüler von mir, ich hatte ihn schon beschrieben, als er seinen wunderbaren Aufsatz in der Klasse vortrug. Inzwischen war Volker Leiter einer freikirchlichen Gemeinde in Gotha.

Ich hatte zwar in diesem Moment keine klare Vorstellung, was das für eine Stimme war, aber ich war völlig verzweifelt und brauchte jeden noch so kleinen Strohhalm zum Festhalten. Ich hatte nichts zu verlieren und machte mich auf den Weg zu Volker. Er selbst beschreibt unsere Begegnung so:

ZWISCHENWORTE

Volker Hase: Unter dem Kirschbaum

„Es war im Sommer 2001, ein Freitag. Helmut rief mich an. Er sagte, dass er mich ganz dringend sprechen müsse. Ich hörte an seiner Stimme, dass irgendwas Schlimmes los sein musste. So kam er zu mir. Wir setzten uns in den Garten – unter den großen Kirschbaum.

Mit zitternder Stimme erzählte Helmut mir, dass er beim Arzt war. Man hat schwarzen Hautkrebs festgestellt. Am Montag gleich sollte er in die Klinik nach Erfurt; dort wollten sie ihm einen Arm amputieren und noch weitere Organe, falls die auch befallen wären.

Dann schaute er mich an, zugleich voller Angst und Erwartung.

Ich habe seit meiner Kindheit schon sehr viele Heilungen und Wunder Gottes erlebt. Aber hier wusste ich auch nichts anderes, als innerlich zum Herrn zu rufen.

Helmut fragte mich, schon ein wenig ungeduldig: „Volker, du sagst doch gar nichts? Du musst doch irgendwas sagen!"

Dann stellte ich ihm ein paar Fragen: „Helmut, glaubst du an Gott?" - Seine Antwort: „Ja, natürlich glaube ich an Gott!" Dann fragte ich weiter: „Glaubst du an Jesus?" - Seine Antwort: „Das ist der Sohn von Gott." Die nächste Frage: „Glaubst du an den Heiligen Geist?" Darauf: „Das war doch die Sache mit Pfingsten?" Dann weiter: „Du weißt doch, dass in der Bibel berichtet wird, dass Jesus kranke Menschen geheilt hat?" - „Ja, das weiß ich." „Kannst du dir vorstellen, dass Jesus so etwas heute immer noch tut?" - Da sagte er: „Das habe ich noch nie gehört!" Daraufhin habe ich ihm davon erzählt, wie Jesus meine Wirbelsäule wieder in Ordnung gebracht hat, als ich 21 Jahre alt war.

Wir hatten zu der Zeit in unserer Gemeinde regelmäßig einmal im Monat an einem Sonntagabend Segnungs- und Heilungsgottesdienste durchgeführt, die vermehrt von „auswärtigen" Gotteskindern wahrgenommen wurden. Gerade an diesem Wochenende, also genau ein Tag vor dem OP-Termin, war es wieder so weit. Ich lud Helmut dazu ein und sagte ihm, dass wir dort für ihn beten werden. Helmut war auch tatsächlich da und brachte auch seine liebe Frau mit. Wir begannen unsere Versammlung damit, unseren König anzubeten. Während dessen gab ich den „Startschuss" – für alle (nacheinander) nach vorn zu kommen, die für sich beten lassen wollten.

Dann war Helmut an der Reihe. Gemeinsam mit Jürgen Lehmann, einem damaligen Mitältesten, beteten wir für ihn. Ich erinnere mich noch sehr genau, dass ich der Geistesmacht des Todes anwies zu weichen und dem Krebs befahl zu verdorren. Dann setzten wir eine ganzheitliche Heilung frei – für Geist, Seele und Körper."

ZWISCHENWORTE

Jürgen Lehmann: Erstkontakt mit Helmut

„Ich kenne Helmut nun seit über zwanzig Jahren. Während dieser Zeit hat sich zwischen uns eine tiefe Freundschaft entwickelt und ich habe Helmut schätzen und lieben gelernt.

Den ersten Kontakt hatte ich mit ihm, als er zusammen mit seiner Ehefrau Bärbel an einem Sonntagabend einen unserer Segnungsgottesdienste besuchte, wo wir auch immer anboten, für Kranke zu beten. Diesen Dienst tat ich zusammen mit meinem Bruder Volker Hase.

Bild: Jürgen Lehmann (privat)

Als wir beide zu Helmut kamen, um ihm mit Gebet zu dienen und er uns mitteilte, dass bei ihm im Bereich seiner linken Schulter ein Melanom (schwarzer Hautkrebs) diagnostiziert worden war und die Operation bevorstand, spürte ich sofort ein tiefes Erbarmen Gottes für diesen Mann in mir. Als wir ihm dann die Hände zum Gebet auflegten, spürte ich wiederum einen warmen Strom durch meinen Arm und Hand zu Helmuts Schulter fließen."

Ja genau, da stellten sich ein paar der Christen dort um mich herum, legten ihre Hände auf mich und beteten - für Gesundheit an Körper, Seele und Geist.

Das Gebet hat gar nicht lange gedauert, ein paar Minuten vielleicht, aber es war auf einmal, als ob sich eine warme Decke über meine linke Schulter legt. Ein wohliges, angenehmes, schönes Gefühl. Aber ich habe mir nichts weiter dabei gedacht.

Am nächsten Tag, dem Montag, musste ich nun schweren Herzens ins Krankenhaus. Ich hatte wirklich riesengroße Angst - auch und vor allem davor, dass mir der linke Arm abgenommen wird, wie der Arzt angekündigt hatte. Wie wird mein weiteres Leben aussehen? Werde ich heute zum Krüppel?

Bevor ich losfuhr, war ich zu Hause noch einmal hinten im Garten. Ich hatte mich in meiner grenzenlos-verzweifelten Hilflosigkeit auf den Rasen gekniet und stotterte lautstark diese Worte heraus: „Jesus, wenn es dich wirklich gibt, und Du heute noch heilst, dann nimm mir diesen schwarzen Hautkrebs ab. Ich bin nicht so stark, ich halte keine Chemo durch. Und wenn Du das tust, dann verspreche ich Dir: Dann will und werde ich Dir mein Leben übergeben." Das war wohl ein starkes Gelübde, was ich da in meiner großen Not gesprochen hatte.

In der Erfurter Hautklinik, gegenüber des Thüringer Landtages, liefen die letzten Vorbereitungen. Ich musste noch Mal in die Röhre. Am nächsten Tag ging es in den OP-Saal. Im Aufwachraum nach der OP hab ich dann wohl rumgeschrien: „Wo ist mein Arm? Wo ist mein Arm?" Ich war noch nicht richtig aus der Narkose erwacht, aber der Bettnachbar konnte es nicht überhören und hat die halbe Station zusammengeklingelt.

So kam der Oberarzt Dr. Ladwig, der mich auch operiert hatte, an mein Bett und musste mich derb am Arm anfassen, damit ich richtig aufwachte. Dann sagte er den erlösenden Satz: „Herr Rieth, der Arm ist noch dran. Es ist alles noch dran. Da war kein Krebs mehr." In dem Moment war es für mich wie eine innere Erweckung und ich habe gerufen: „Dann heilt Jesus heute noch!" Was für ein glücklicher Moment. Es war so unbeschreiblich und genauso fehlen mir jetzt hier die Worte dafür. Nach meiner Erleuchtung auf dem Mosesberg war das nun meine Erweckung.

Ich war von Jesus spontan geheilt worden und war mir sicher, dass der Krebs nie wieder zurückkommt!

Gibt es wirklich diesen persönlichen Gott, der auf Gebete antwortet und heute noch heilt? Ja! Ich hatte Ihn gerade so stark erleben dürfen.

ZWISCHENWORTE

Jürgen Lehmann: Helmuts Sehnsucht donnerstags

„Ein zweites, tiefgreifendes Erlebnis mit Helmut fand an einem Donnerstagabend – es war der 4. Oktober 2001 - bei uns zu Hause in unserem Wohnzimmer statt. Zu diesem Zeitpunkt hatte er schon öfter unsere Gottesdienste besucht und nach einem dieser Gottesdienste fragte mich Helmut, ob ich bereit wäre, mich mal mit ihm ausführlich zu unterhalten. Ich hatte sofort ein volles Ja dazu und somit trafen wir uns. Bei diesem Gespräch bemerkte ich eine große Sehnsucht in ihm, Gott näher zu kommen und ihn kennen zu lernen.

Unser Gespräch dauerte einige Stunden und endete damit, dass wir nachts halb eins zusammen, beide auf unseren Knien, beteten und Helmut sein Leben Jesus übergab und Jesus bat, sein Herr zu werden.

Auf diesen Abend folgten in den weiteren zwanzig Jahren unserer Freundschaft und Bruderschaft noch viele Donnerstagabende. Dabei konnte ich immer die Herausforderungen und Erschütterungen im Leben von Helmut miterleben, die ihm Gott zumutete, aber natürlich auch die freudigen Ereignisse."

17. Visionen und meine Berufung - 2002

Ich war spontan geheilt worden und hatte mein Leben Jesus übergeben, so wie ich es in meinem notdürftigen Gebet hinter unserem Haus allein vor Gott gelobt hatte. Nun ging ich mit meiner Bärbel gern in die Evangelisch-freikirchliche Gemeinde in Gotha. Ein besonderer Tag war dabei der 06. Januar 2002. Denn da gab es drei Visionen, die vor der Gemeinde ausgesprochen wurden und die genau auf mich passten. Ich fühlte mich dadurch sehr angesprochen und hatte diese von einer Tonaufzeichnung in mein Tagebuch abgeschrieben, damit ich den genauen Wortlaut später für mich bewegen konnte. Visionen sind dabei Eindrücke oder Bilder, die Menschen von Gott im Geist gegeben werden. Die erste dieser Visionen trug Jürgen Lehmann zu Beginn seiner Predigt zum 1. Sonntags-Gottesdienst im Neuen Jahr 2002 vor. Obwohl ich so etwas überhaupt noch nicht erlebt hatte, dämmerte mir nach den ersten Sätzen schnell, dass ich gemeint bin:

„Ich sah einen Sessel, da saß ein Mann drin mit übergeschlagenen Beinen, ganz entspannt und gemütlich, Brille auf, las etwas, wahrscheinlich eine Zeitung.

Und über ihm sah ich so wie ein Stück den Thron Gottes und auf dem Thron war ein Platz frei. Ich hatte so den Eindruck, ja, der Herr möchte jemand unter uns sagen-

Das, was du denkst, wonach du dich sehnst, nach Gemütlichkeit oder einem Stück Ruhestand - das ist eigentlich noch nicht für dich dran. Ich möchte, dass du mit mir auf dem Thron sitzt und regierst! Ja, jetzt und in dieser Zeit!"

Danach folgte eine Vision von Volker Hase, unserem Gemeindeleiter, während des Heiligen Abendmahls:

„In meinem Geist sehe ich einen Mann unter uns und ich sehe, wie

seine Seele wie in einer Ecke kauert und sich richtig zurückgezogen hat, so dass ihn ja niemand sieht, so mit diesem Gefühl. Dich bewegt es ständig, dieses Wort „unwürdig" Ich bin unwürdig. Das ist das, was deine Seele quält und du denkst in diesem Moment:

Niemals, niemals werde ich dazugehören. Niemals werde ich zu denen gehören, die die Hände vor dem Herrn aufheben und ihn anbeten dürfen und der Herr spricht zu dir:

Mein Opfer ist nicht zu gering. Mein Opfer ist nicht zu klein. Mein Blut ist nicht zu wenig und meine Kraft ist nicht zu schwach, um dich zu erretten und dich herauszureißen.

Und ich habe gesehen, wie Jesus eine Schriftrolle, auf der geschrieben steht, was dein Leben ist, was in deinem Leben alles schiefgelaufen ist, wie Jesus diese Schriftrolle nimmt und sie durchreißt.

Und Jesus steht vor dir und sagt: Nimm du mich, nimm du mein Leben, nimm dieses als dein Leben, nimm diesen Tausch, nimm diesen Tausch Ich gebe mich dir ganz. Ich meine dich – ganz!"

Sofort nach dieser Vision stand ein Mitglied der Gemeinde auf, der kaum seine Bewegtheit und seine Gefühle beherrschen konnte. Sein Name war mir nicht bekannt, aber durch meine Gottesdienstbesuche war mir dieser Mann nicht unbekannt. Er sprach:

„Ich habe stark den Eindruck - (Stöhnen, es tut mir leid, aber ...) - ich habe ganz stark den Eindruck, dass jemand unter uns ist, der in einer sehr verzweifelten Situation ist und der nur durch die Herrlichkeit Gottes angerührt werden kann. Ich muss sagen, der Heilige Geist hat mir das sehr stark aufs Herz gelegt.

Wenn du jetzt zerbrochen bist, wenn du jetzt den Eindruck hast, dass du am Ende bist, dass Zerbrochenheit in deinem Herzen und in deinem Leben ist, dann bist du genau an dem Punkt, wo du sein musst, das ist der Punkt, (sehr lautstark vorgetragen) wo Gott mit dir neu beginnen kann.

Wirf alle Vorstellungen, die du bisher hattest von Menschen um dich herum, von Vorstellungen, die du hattest von deinem Leben, wie es zu sein hat, wie etwas auszusehen hat, wie jemand in deinem Leben sich, ja, zu bewegen hat - wirf es weg!

Genau das ist das, was dich an diesen Punkt, an den Punkt des Zerbruchs gebracht hat. Schau auf alles, auf all das, was Jesus dir jetzt geben will – ER hat die Herrlichkeit bereit. Es ist wirklich Herrlichkeit da, wo jetzt Tiefe ist.

Und Gott sagt dir: Da, wo ER dich zerbrechen kann, total kaputt zerbrechen kann, dein Herz zerbrechen kann da wird Herrlichkeit sich offenbaren. Lass es zu!

Hör auf, auf Menschen zu schauen, dass sie dir helfen. Sie können dir nicht helfen! Menschen können dir nicht helfen!! (sehr laut vorgetragen)

Es geht nur durch die Herrlichkeit Gottes und durch diesen tiefsten Zerbruch – und dann wird wieder Licht hineinkommen, wo jetzt Finsternis ist."

Wie ich schon sagte: Visionen waren mir bis dahin völlig unbekannt. Und dann in der ersten Vision schon deutlich zu spüren, dass diese Worte genau für mich sind und nur mir galten, das war schon genauso unheimlich wie übernatürlich!

Mein Herz schlug schneller, weil ich offensichtlich vom Allerhöchsten angesprochen wurde. Bin ich denn so wichtig? Ja! Jeder Mensch ist Ihm so wichtig! Jeder Mensch ist Sein Kind! Jeder Mensch wird von Ihm unvorstellbar und unendlich geliebt! Also stand ich ungläubig-staunend und ehrfürchtig- liebesdurchdrungen da und konnte es kaum fassen. Ich war tief in meinem Herzen angesprochen und vom Heiligen Geist berührt worden.

Immer wieder beschäftigte ich mich mit diesen Visionen, die mir Auftrag und aufmunternder Wegweiser, und tröstender Begleiter in den nächsten Wochen, Monaten und Jahren wurden. Genau dazu zählten auch die beiden Jahreslosungen der Herrnhuter Brüdergemeine:

Jahreslosung 2001: *„In Christus liegen verborgen alle Schätze der Weisheit und Erkenntnis."* (Kol. 2,3)

Jahreslosung 2002: *„Ja, Gott ist meine Rettung; ihm will ich vertrauen und niemals verzagen."* (Jesaja 12,2)

Ich war so froh, dass ich die Erkenntnis hatte, dass alle Schätze in Christus verborgen liegen und dass Er meine Rettung war und ist. Ihm will ich auch weiterhin vertrauen.

Und mit Jesus wollte ich auch ein anderes Problem überwinden, denn ich hatte ziemlich oft geflucht. Das hatte ich nun erkannt und wollte es nicht mehr. So habe ich am 10.2.2002 dieses kleine Gedicht geschrieben:

Erleuchtung

Gleich mir der Baum, der am Wasser steht,
an seiner Erstlingsfrucht erkannt und berufen.
Sein Laub immergrün und frisch sein Geäst
Wo die Vögel sich suchen
und bauen ihr Nest –
nie mehr, oh Herr, will ich fluchen.

Es war wirklich eine Erleuchtung für mich, diese Erkenntnis. Und meine Festlegung hat mir sehr geholfen, dass ich diese schlechte Angewohnheit ablegen konnte. Danke, Herr Jesus.

18. Überleben und Loslassen - 2002

Ich hatte überlebt und mein Leben Jesus übergeben. Nun stand ein weiterer Schritt bevor.

Da ich nun einmal als Krebspatient eingestuft war, musste oder durfte ich ab Mitte Januar 2002 für acht Wochen zur Reha in den Rabensteiner Forst bei Chemnitz fahren. Ich nutzte die Zeit, um den seelischen Schock der Diagnose zu verarbeiten, aber auch Seine völlig überraschende Heilung, die mein komplettes Gottesbild gesprengt hat. Ich las sehr viel in der Bibel, um mehr über diesen Gott erfahren zu können.

Und ich wurde in die Lutherkirche nach Chemnitz mitgenommen. Dort erlebte ich meinen ersten Lobpreisabend, in dem ich - völlig neu für mich – drei Bilder gesehen habe. In einem Bild blickte ich von oben auf eine Stadt, die aber total in Asche gelegt war – also nicht verbrannt, sondern so wie Vulkanasche lag überall drauf. Aber die Straßenzüge waren deutlich zu erkennen. Als ich das später mal jemandem erzählte, erkannte dieser, dass Gott mir da bereits meine zukünftige Wirkungsstätte bereits gezeigt hatte. Mehr will ich hier noch nicht verraten, denn ich wusste es ja auch noch nicht.

Als mich Volker Hase in der Reha besuchte, sagte er: „Hier sieht es ja aus wie in Luthers Studierstube". Ja, so sah es tatsächlich in meinem Patientenzimmer aus. Dass Gott mein Vater ist, der mich persönlich kennt, der meine Gebete hört, der bei mir ist und mich liebt, der mich besser kennt als ich mich selbst - das war eine ganz neue Erkenntnis, die ich in dieser Zeit gewonnen habe.

Bei der Lektüre merke ich: Da spricht Gott zu mir. Im Alten Testament las ich Seine Worte:

„Und die von dir (kommen), werden die uralten Trümmerstätten aufbauen, die Grundmauern vergangener Generationen wirst du aufrichten. Und du wirst genannt werden: Vermaurer von Breschen, Wiederhersteller

von Straßen zum Wohnen" (Jes 58,12 - Elberfelder Bibel 2000).

Ich wusste, dass diese Worte Gott selbst mir zusprach und beschloss daraufhin ganz einfach, aber bestimmt, diesem lebendigen Gott zu vertrauen! Mir war ab diesem Moment klar, dass ich ein von Gott berufener Brückenbauer bin.

Ich weiß noch genau das Datum dieses Entscheidungstages: es war der 10. Februar 2002. Ich wollte, ja musste nun meine Bekehrung für mich und vor Gott neu festmachen, ja öffentlich bekunden – durch die Gläubigentaufe in der Gemeinde, wo die Baptisten um meine Heilung gebetet hatten.

Ich weiß auch noch genau die Uhrzeit: Es war nachts halb eins - das ist wohl die Zeit der Entscheidung bei mir, denn auch meine Lebensübergabe war ja nachts um halb eins - und ich musste es sofort meinem Freund und Gemeindeleiter der EFG Gotha, Volker Hase mitteilen. Er selbst schildert das Geschehene folgendermaßen:

ZWISCHENWORTE

Volker Hase: Nachts halb eins

„Nach der OP, bei welcher man keinen Krebs mehr fand, war etwas später Helmut zu einer Reha-Kur in der Nähe von Chemnitz.

Plötzlich - nachts um halb eins - klingelt doch bei mir das Telefon. Ein wenig noch im Halbschlaf tastete ich mich zu diesem. Helmut war dran. Er fragte mich ganz fröhlich: „Volker, wann ist eure nächste Taufe? Ich will mich taufen lassen!"

Meine Antwort war da noch kein Lobgesang, sondern: „Helmut, weißt du eigentlich, wie spät es ist?" - „Ja, das weiß ich, aber ich will mich taufen lassen!"

Helmut hatte bei seiner Reha irgendwie ein besonders großes Zimmer. Ich besuchte ihn einmal dort und fand mich in einer großen „Studierstube" wieder. Alles voller aufgeschlagener Bibeln und geistlicher Literatur! Irgendwie dachte ich so an Luthers Studierzimmer ...

Da wunderte es mich natürlich nicht, dass durch so viel Gotteswort der Heilige Geist zu Helmut über die Taufe redete!

Der nächste Taufgottesdienst war für Ostersonntag 2002 avisiert. Und so bestand die Aussicht, dass ich zwanzig Jahre nach der sozialistischen Schule meinen eigenen Deutschlehrer in den Tod und die Auferstehung Jesu Christi taufen durfte! Unser Gott hat echt Humor!"

Volker Hase hat mich aber auch davor gewarnt, einfach aus der evangelischen Landeskirche auszutreten, was ich aber machen müsste, wenn ich mich nun als Erwachsener taufen lassen wollte. Diese sogenannten Wiedertäufer wurden früher verbrannt. Das passiert heutzutage nicht mehr, aber gern gesehen ist es nicht, vor allem bei einer öffentlichen Person wie mir.

Na das war mir jedenfalls nicht ganz egal. Also suchte ich das Gespräch mit meinem Gemeindepfarrer und Superintendenten. Um es vorzubereiten, gab ich dem Theologen vorab mein geistliches Tagebuch zu lesen. Beim Gespräch einige Tage später wurde ich von ihm mit den Worten begrüßt: „Wann wollen Sie sich taufen lassen?" Somit war alles geklärt und ich hatte auch seine überzeugte Zustimmung.

Am Ostersonntag, dem 31. März 2002, war es nun soweit. Ich ließ mich von meinem ehemaligen Schüler und jetzigen Gemeindeleiter Volker Hase mit meinen aktuell 47 Jahren bei den Baptisten in Gotha taufen. Ich bekam von ihm den folgenden Taufspruch aus 1. Chronik 4, 9-10 (NBH):

„Ein Mann namens Jabez war der angesehenste unter seinen Brüdern. Bei seiner Geburt hatte seine Mutter gesagt: „Ich habe ihn mit Schmerzen geboren", und deshalb hatte sie ihn Jabez genannt. Aber Jabez rief den Gott Israels an und sagte:

*„Segne mich,
und erweitere mein Gebiet!
Steh mir bei
und halte Unglück und Schmerz von mir fern!"*

Und Gott ließ kommen, was er erbeten hatte."

Meine Gläubigentaufe war der Beginn dieser Gebietserweiterung für mich. Dieses Gebet des Jabez beten viele Christen tagtäglich. Und auch ich habe mich mit meiner Bärbel daran festgehalten. So konnten wir die folgenden Jahre unsere Gebietserweiterungen genau beobachten.

Nun war ich also ganz und gar mit Jesus, dem Gottessohn verbunden. Mit Ihm konnte mir nichts mehr passieren. Ich war mir sicher: Ich werde, ja ich muss ja mit Gott erfolgreich sein so wie Jabez. Egal, was Er mit mir vorhatte, ich wollte dabei sein. Nun – wenn man etwas Neues machen will oder soll, dann muss man Altes erst einmal loslassen. Ich ahnte zum Zeitpunkt meiner Erwachsenentaufe jedoch noch nicht, dass und vor allem was ich in den nächsten zwei Jahren loslassen sollte.

So tat sich zum Beispiel einiges bei Wacker 07 in der Fußball-Abteilung. Über Jahre waren wir mit Frank Stein als Trainer aufgestiegen bis in die Oberliga. Das erste Jahr dort oben haben wir uns wacker geschlagen. Dann wurde aber unser Trainer krank. Oha, in der Oberliga und keinen Trainer mehr – das war ein Problem.

Ich war zu dem Zeitpunkt im Jahre 2002 mal von meinem ehemaligen Schüler Volker Hase eingeladen zu einem Chapter-Abend von „Christen im Beruf". An diesem Abend war Hermann Sasse auch eingeladen, der in Brasilien viele Jahre lang als missionarischer Pastor war. Er sagte zu mir, dass er durchaus einen Trainer für mich hätte – jemanden, der mit dem Weltfußballer Pelé gespielt hat und in Hermann Sasses Gemeinde Mitglied war. Volker Hase sagte dazu: „Nimm es als Gottesgeschenk, und wenn es nur eine Übergangslösung für den Rest dieser Saison ist."

Also kam der neue brasilianische Trainer und brachte noch vier Brasilianer mit. Die 1. Mannschaft wurde hart rangenommen. Und vor und nach den Trainings und Spielen wurde nun mit der Mannschaft gebetet. Das alles hat einigen nicht gefallen. Aber da der Präsident mitgebetet hatte, na da hat man sich eben in einen Kreis aufgestellt und gebetet. Nun hatte ich noch eins draufgegeben und im Stadion christliche Lobpreismusik spielen lassen. Wir hatten weiterhin erfolgreiche Spiele. Nur der kranke Trainer war neidisch geworden und hatte wohl hintenrum die Mannschaft zum Aufstand angestachelt. So kam es zu einer kritischen Situation, indem über mich und meine christlichen Ansichten gespottet wurde und die Mannschaft nicht mehr mit dem Brasilianer trainieren wollte.

Mein Freund Jürgen Lehmann hatte in dieser Zeit während des Gottesdienstes in unserer Gemeinde ein Bild, eine Vision für mich. Und ich wusste auch sofort, dass es genau und wirklich für mich war. Er hatte einen Mann gesehen, der ganz oben auf einer Schräge stand und unten stand ein kleiner Mann mit einem großen, schwarzen Koffer mit vielen großen und kleinen Fragezeichen darauf. Dieser versuchte, den Koffer den Hang hochzuziehen. Oben stand Jesus und sagte: „Gib mir den Koffer." Ja, das war klar, ich sollte loslassen. Aber war ich denn bereit dazu? Ich hatte viel zu tun, konnte es kaum noch aushalten, wie die Spannungen auch mich belasteten.

Also musste ich eine Mannschaftsversammlung einberufen und sagte: „Wenn ihr mit dem Trainer nicht klarkommt, dann ist das ein Problem für mich, denn ich habe keinen anderen Trainer. Das tut mir leid. Euer Erfolgstrainer Frank Stein kann in dieser Saison nicht arbeiten. Wenn ihr mit dem Trainer nicht könnt, dann müsst ihr euch nicht nur einen neuen Trainer, sondern auch einen neuen Präsidenten suchen. Und mit dem heutigen Tage habt ihr keinen Präsidenten mehr." Das war 2003. Es war natürlich im Vorfeld mit meinem Vizepräsidenten bereits besprochen, dass unter Umständen so etwas passieren könnte. Leicht fiel es mir ganz und gar nicht, auch wenn es dann später schon eine große Entlastung für mich war.

Auf Vorschlag meines Nachfolgers wurde ich anlässlich eines Jubiläums als Ehrenpräsident vorgeschlagen und eingesetzt. Sieben Jahre hatte ich insgesamt dem Verein Wacker 07 Gotha als Präsident gedient, aber nun musste ich den Verein loslassen.

Loslassen oder verabschieden musste ich mich auch im März 2003 von meinem Vater. Er war schon länger bettlägerig zu Hause. Eines Tages hatte ich den Eindruck, mich nun von ihm verabschieden zu sollen. Also fuhr ich eines Nachmittags nach Blankenhain zu meinen Eltern. Ich hatte bis dahin meinem Vater immer wieder Kassetten mitgebracht mit Predigten von Derek Prince oder auch mit Lobpreismusik, die er gern gehört hat und sich auch immer wieder ganz liebevoll dafür bedankt hat.

Als ich nun an diesem besagten Nachmittag eintraf, saß mein Vater in seinem großen Lehnsessel – sicher hatte es Mutter so arrangiert, woher sie auch immer wusste, dass ich kommen würde. Mein Vater war sehr schwach, das konnte ich deutlich sehen. Und ich bekam genauso deutlich den Eindruck, dass ich nun mit meinem Vater darüber reden sollte – die Lebensübergabe an Jesus. Bei mir war es ja nicht allzu lange her und ich kannte nun genau die Bedeutung und Wichtigkeit dieses Aktes. Und doch ist es für einen Sohn irgendwie auch schwierig, mit seinen Eltern darüber zu reden, wo doch so lange eher geschwiegen wurde zu dem Thema oder zumindest ein galanter Bogen darum gemacht wird.

Am Ende war es relativ kurz, denn ich sagte ihm: „Vati, Du hast doch in den letzten Wochen durch die Kassetten viel von Jesus gehört. Und du weißt, dass ich inzwischen zu einem wiedergeborenen Christen geworden bin – nicht weil ich Jesus trotz meiner Sehnsucht gefunden habe, sondern weil Er mich gefunden hat. Wenn wir uns im Himmel wiedersehen wollen, dann müsstest Du diesen Glaubensschritt selbst tun – das kann dir keiner abnehmen!" Mein Vater willigte ein, worauf meine Mutter sagte: "Aber ich will auch!" Na das war ja noch viel besser! Also habe ich meinen beiden Eltern ein Übergabegebet vorgesprochen und beide sprachen es nach.

Bild: Meine Eltern zu ihrer Goldenen Hochzeit (privat)

In derselben Stunde tat dies auch mein jüngster Bruder Kuddel, der unten in unserem Elternhaus war und sich wunderte, wie lange ich oben bei unseren Eltern war. Als ich ihm den Grund nannte, meinte er, dass das nichts Schlechtes sein kann und er das auch braucht. Welche eine Freude war das, auch wenn wenige Tage später mein Vater verstarb. Ich bin froh und sicher, dass ich meine Eltern und meine Brüder im Himmel, in der Ewigkeit wiedersehen werde. Ein knappes Jahr später konnte ich auch meinen Bruder Siegfried zu Jesus führen.

Im Jahr 2004 standen wieder mal Landtagswahlen in Thüringen an. Ich hatte ja nun Jesus in mir und ich war in Ihm, so dass mich nun nichts mehr bremsen konnte. Also ja – ich bewarb mich ungedenk der letzten groben Wahlschlappe erneut ein viertes Mal und war mir wieder mal sicher, dass es klappen wird. Ich hatte den Eindruck, ich solle antreten. Ich wollte es noch mal wissen. Dieses Mal war ich auf Platz 18 gesetzt. Ich hatte anfangs die Unterstützung meiner SPD, bis dann langsam die Frauen hinter meinem Rücken Stimmung machten, damit mal neue Leute rankommen sollen und so weiter. Plötzlich rutschte ich durch innerparteiliche Querelen auf Platz 46 ab und dann wieder etwas höher auf 24.

Ernst Winkler, ein Bruder und Ältester aus meiner Evangelisch-Freikirchlichen Gemeinde hatte mich gefragt: „Helmut, willst Du das wirklich? Was wäre, wenn Du nicht gewählt wirst?" Ah, diese Was-wäre-wenn-Frage hatte ich schon damals beim Prof. Fricke im Auge behalten sollen, um in Alternativen denken zu können. Ich beachtete es zu diesem Zeitpunkt aber nicht besonders.

Und die Wahl am 13. Juni 2004 ging wieder verloren, die SPD hatte noch einmal 4 % verloren und nur noch 15 Sitze. Ich war draußen. Ohne Schutz und ohne Dach im Regen stehen gelassen. Wieder einmal. Was nun? Ja, das war der Wählerwille, das war gelebte Demokratie und es war trotzdem für mich persönlich ein Bretterknaller.

Und auch wenn ich nun wieder raus und im Anblick der Wahlniederlage kurzzeitig hoffnungslos und allein war, so hatte ich komischerweise trotzdem weiterhin negative Presse, so dass meine Bärbel es nicht mehr ausgehalten hatte und bereits aus der Partei ausgetreten war.

Ein Bekannter wunderte sich, was man so über mich schrieb, und fragte mich Anfang Juli 2004 bei einem Treffen: „Helmut, was ist mit Dir passiert? Bist Du ein Masochist geworden? Brauchst Du Schläge?" In den Zeitungen war ich tatsächlich oft, aber nicht gut dargestellt, vor allem auch von den eigenen Leuten. Ja, früher hatte ich mich dagegen gewehrt, aber nun war ich Christ und mein Leben gehörte Jesus. Der Bekannte verstand das nicht, sprach aber den dringenden Rat aus: „Komm raus aus Deinem selbstgewählten Gefängnis! Die Mauern sind eingestürzt, aber tu es schnell, sie sind bald wieder aufgebaut!" Er wusste scheinbar selbst nicht, was er da gesagt hatte. Aber ich wusste es sofort! Ich wusste, dass ich wusste, dass es von ganz oben kam. Ich begriff dadurch plötzlich: Ich war gefangen in der SPD, die ich sogar selbst mitgegründet hatte. Die Thüringer SPD war nach der letzten Wahl von 1999 noch weiter abgestürzt. Also musste ich nun schnell handeln. Ich spürte Gottes Ansage, dass ich jetzt meine Partei verlassen musste, um frei zu werden für das, was Er mit mir vorhat. Ich kann trotzdem nicht sagen, dass es leicht war, die eigens mitaufgebaute SPD Thüringen zu verlassen – ganz im Gegenteil: es war schmerzhaft anstrengend.

Am selben Abend des 08.07.2004 schrieb ich eine Presseerklärung, in der ich meinen Austritt aus der SPD mit der folgenden Begründung erklärte:

„Der neoliberale Kurs der Bundespartei hat aus meiner Sicht wesentlich dazu beigetragen, dass die SPD Thüringen sowohl 1999 als auch 2004 bei den Landtags- und Kommunalwahlen niederschmetternde Wahlergebnisse erzielt hat. Ein „Weiter so" kann ich nicht mehr mittragen.

Deshalb lege ich als Stadtverbandsvorsitzender der SPD Gotha meinen Vorsitz nieder. Damit übernehme ich die politische Verantwortung für den schlechten Wahlausgang für die SPD in der Stadt Gotha und bedaure, dass die jahrelange erfolgreiche Arbeit der SPD vor Ort in Gotha von den Wählerinnen und Wählern bei den Wahlen nicht gewürdigt wurde.

Ich bedanke mich bei all denen, mit denen ich fünfzehn Jahre vertrauensvoll und zum Wohle der Bürgerinnen und Bürger der Residenzstadt Gotha zusammenarbeiten durfte, neun Jahre davon im Thüringer Landtag, vierzehn Jahre im Kreistag, fünf Jahre als Fraktionsvorsitzender im

Gothaer Stadtrat und zehn Jahre als Vorsitzender der SPD Gotha.

Als Gründungsmitglied der Thüringer und Gothaer SPD stelle ich fest, dass die Partei, die ich im Herbst ´89 mit aus der Taufe heben durfte, nicht mehr diese ist, die ich mitbegründet habe. Der Geist der Freiheit ist von ihr gewichen, Zuchtmeister und Schönredner agieren mit „Zuckerbrot und Peitsche" in der Partei, nur weil ein Bundeskanzler Schröder bis 2006 sein Gesicht wahren will. Seine unvermeidbare Reformagenda 2010 hat mit sozialdemokratischer Politik wenig zu tun. Das haben gerade die Menschen im Osten erkannt. Eine Volkspartei muss breite Wählerschichten hinter sich bringen. Eine sozialdemokratische Volkspartei vor allem Arbeitnehmer und Rentner.

Das gelingt der SPD derzeit nicht.

Da Christoph Matschie als SPD- Landesvorsitzender keine Konsequenzen aus diesen katastrophalen Wahlergebnissen auf Landesebene zieht, ist es für mich notwendig, ein politisches Zeichen zu setzen und zumindest meine Konsequenzen daraus zu ziehen. Hier kennen mich die Menschen, hier wurde ich für den Stadtrat und Kreistag wiedergewählt. Wie kann er nur zögerlich und zauderlich das tun, was er vor der Wahl vollmundig versprochen hat, nämlich unter welchen Umständen auch immer nach Thüringen zu kommen und zu arbeiten. Ich will mit meinem Schritt zeigen, dass Glaubwürdigkeit und Aufrichtigkeit und ein fairer Stil des Miteinanderumgehens auch auf innerparteilicher und kommunaler Ebene ein notwendiger Politikstil ist und bleiben soll. Dafür bin ich 1989 angetreten in dieser Partei. Auch für mich ist das gegenseitige Vertrauen zu den Menschen, die mich umgeben und beraten, wichtig. Diese erforderliche Vertrauensbasis ist sowohl auf Landes-, Kreis- und Stadtebene innerhalb der SPD für mein politisches Handeln gegenwärtig nicht mehr vorhanden. Auch deshalb trete ich aus der SPD aus, für die ich alles gewagt und getan habe, weil ich den Satz eben nicht unterschreiben will: Die Steigerungsform von Feind heißt Parteifreund. Genossen sind Weggefährten.

Als anerkannt politisch Verfolgter der DDR und Mitinitiator der Gründung der Thüringer SPD im Gothaer Tivoli am 27.01.1990 bedaure ich es sehr, diesen Schritt jetzt vollziehen zu müssen, aber ich kann nicht und ich will nicht mehr meinen Kopf als Sozialdemokrat hinhalten für eine Partei, in der ich gegenwärtig keine politische Heimat mehr habe. In einer Partei der neuen Mitte, die die kleinen Leute nicht mehr vertritt, fühle ich mich nicht mehr zu Hause. Mein Herz schlägt links, schon immer. Ich befürchte, wenn sich nicht Grundsätzliches in der Ausrichtung des Aufbau Ost ändert, die SPD im Osten Deutschlands keine Zukunft mehr hat. 1989 war ich stolz, sagen zu können: „Die Zukunft hat wieder einen Namen – SPD". Im Moment befürchte ich hier deren Untergang."

Ein wenig oder auch ein wenig mehr waren meine ehemaligen Parteifreunde sauer auf mich. Ich hatte nämlich keinerlei Absicht, meine Mandate in Stadtrat und Kreistag niederzulegen, denn davon war bei oder durch Gott keine Rede, dazu hatte ich keine Anweisung von ganz oben.

Ich war einfach jetzt Einzelmandatsträger ohne Anspruch auf einen Sitz in einem Ausschuss. Somit brauchte ich nur zu den Plenarsitzungen erscheinen und das nutzte ich später auch von weiter weg. So konnte ich zum Beispiel mit meiner einzigen Stimme verhindern, dass ein PDS-Mann zum ersten Kreistagspräsidenten in Thüringen gewählt werden konnte.

19. Angebot und das Vlies - 2005

Ich bin durch all diese auch zum Teil sehr schwierigen Geschehnisse befreit worden, um für neue Aufgaben bereit zu sein, die nicht lange auf sich warten ließen. Ich bin mir im Rückblick sicher, dass es Gott genau so zugelassen bzw. beabsichtigt hatte. Denn durch mein Gelübde, Ihm mein Leben zu geben und damit alles für Ihn zu tun, war ich für eine Aufgabe vorgesehen, für die ich auch meine ganze Gesundheit und körperliche und geistige Fitness benötigte. Vielleicht bin ich ja auch von Ihm mit dieser einfachen Absicht spontan geheilt worden. Es war Sein Plan, Sein Wille für mich und alle und alles, worauf meine spätere Arbeit Auswirkungen hatte. Und meinen Willen hatte ich ja laut und deutlich Seinem Willen und damit übrigens auch Seinem Schutz untergeordnet.

Plötzlich war ich dienstlich auf Bundesebene im Bund-Länder-Ausschuss für Entwicklungszusammenarbeit als einziger Thüringer Vertreter. So setzte sich mein Jabez-Gebet mehr und mehr durch mit diesem Gebiets-erweiternden Segen. Ich wurde in Gremien berufen. Ich hatte im THILLM das Thema „Eine Welt" übernommen, welches vorher nicht besetzt war. Das war Neuland für mich, aber hier konnte ich auch gestalten. Wie bereits erwähnt startete ab 2005 die UN-Weltdekade „Bildung für nachhaltige Entwicklung", deren Vorbereitungsphase ich in der Gestaltung mit übernommen hatte. So war ich bereit für Neues durch das Loslassen von der SPD und auch von Wacker 07.

So hatte ich immer wieder neue Menschen kennenlernen dürfen und mein Netzwerk wurde immer größer. Eine in geistlicher Hinsicht für mich sehr wichtige Bekanntschaft, aus der sich über die Jahre eine geschwisterliche Freundschaft entwickelte, war und ist Renate von Boddien. Sie ist ein weiteres Glied in meiner Beweiskette, dass Gott in Beziehungen lebt. Hier nun berichtet sie selbst über unser erstes Treffen und die Entwicklungen:

ZWISCHENWORTE

Renate von Boddien: Mein Glaubensbruder Helmut

„Seit unserem Kennenlernen 2005 begleiten wir uns als Glaubensgeschwister auf unserem Weg des Glaubens und der Nachfolge. Ich habe dabei von Helmut ganz Wesentliches gelernt, zum Beispiel wie Gott uns heute in unserem Leben konkret führt, wie er immer wieder unsere Gebete erhört und dass Gott auch heute noch Wunder tut und bspw. Heilung von Krankheiten schenkt.

Unser Kennenlernen im Frühjahr 2005 verlief sehr ungewöhnlich. Helmut nahm damals als Vertreter des Freistaates Thüringen an einem offiziellen Essen des Bund-Länder-Ausschusses für Entwicklungszusammenarbeit in Bremen teil, ich als Vorsitzende des Ausschusses. Nach dem

Bild: Renate von Boddien (privat)

offiziellen Teil setzte er sich zu mir. Wir sprachen zunächst über dienstliche Themen. Dann berichtete er überraschend von einem 24 Stunden-Gebet über einige Tage und Nächte in Gotha, das er gemeinsam mit anderen organisiert hatte. Dabei schilderte er auch, wie Gott die Stadt Gotha anschließend gesegnet hat. Das beeindruckte mich sehr. Ich war damals auch schon Christin, aber von Derartigem hatte ich vorher noch nie gehört.

Meine Neugier war geweckt. Ich wollte mehr erfahren, welche Erfahrungen Helmut mit Gottes Wirken in seinem Leben gemacht hat. Da berichtete er mir, wie Gott ihn 2001 vom schwarzen Hautkrebs geheilt hat. In der EFG in Gotha wurde für ihn um Heilung gebetet. Gott hat das Gebet erhört und eine Spontan-Heilung geschenkt. Bei der anschließenden OP konnten die Ärzte keinen Krebs mehr feststellen. Ich staunte noch mehr über diese

2. wunderbare Gotteserfahrung. Helmuts Zeugnis ermutigte mich sehr im Glauben und weckte in mir neues Vertrauen in Jesu Heilungskraft hier und heute, mitten im Leben. Ich überlegte innerlich, dass ich Gott dann auch bitten könnte, meine inneren Verletzungen zu heilen. Das gab mir Hoffnung und ich nahm mir vor, mich danach auszustrecken.

Am Ende unseres Gesprächs sagte mir Helmut, er habe Gott vor dem Essen gebeten, ihn mit dem Menschen zusammenzuführen, mit dem er heute sprechen soll. Insofern war es kein Zufall, sondern Gottes wunderbare Führung, die uns zu diesem Gespräch zusammenführte. Dafür war wichtig, dass Helmut um Gottes Führung bat, darauf hörte und danach handelte - gemäß seinem Motto: Hören und Handeln im Geist.

Seitdem blieben wir in Verbindung. Ich bat Helmut bald danach um eine Empfehlung für ein christliches Tagungshaus. Er empfahl mir das Haus der Stille in Friedrichroda bei Gotha in Thüringen. In deren Programm fand ich ein Seminar: Wie kann Leben gelingen - Heilung innerer Verletzungen. Begleitend wurde Seelsorge angeboten. Das klang gut, diese Chance wollte ich nutzen. Im Oktober 2005 nahm ich daran teil und war beeindruckt, wie der Glaube dort so ganz praktisch und lebendig vermittelt wurde. Zudem lernte ich im Haus der Stille und auch von Helmut erstmals Lobpreis kennen und lieben. Für mich sind das oft gesungene Gebete und eine wunderbare Art, Gott Vater und Jesus Christus anzubeten.

Die angebotene Seelsorge dort tat mir gut: Ich konnte meine Situation mit dem Seelsorger besprechen und Gott wo notwendig um Vergebung meiner Schuld bitten. Der Seelsorger sprach mir Gottes Vergebung zu und wir beteten gemeinsam um Heilung meiner inneren Verletzungen. Kurze Zeit später bemerkte ich zuhause schon, wie Jesu Heilungskraft in mir Schritt für Schritt wirkte und war Gott dafür zutiefst dankbar: Ich spürte neue Freude, neue Kraft, Zuversicht und Frieden, die von Innen kamen, obwohl sich an den äußeren Umständen nichts verändert hatte. Meine Familie bemerkte die Veränderungen auch ganz deutlich und konnte nur staunen. Insofern wirkte sich Helmuts Empfehlung sehr segensreich aus und war zudem nachhaltig, weil ich seitdem jedes Jahr mindestens einmal an Seminaren zu diversen Themen im Haus der Stille teilnehme."

Bei einem Nachhaltigkeits-Workshop am Starnberger See hatte ich im Sommer 2005 Dr. Traugott Schoefthaler kennengelernt. Er war langjähriger Generalsekretär der Deutschen UNESCO-Kommission. Von der EU-Außenkommissarin war er nun beauftragter Gründungsdirektor der Anna-Lindh-Stiftung und sollte sich seine Mitarbeiter selbst zusammensuchen.

So kam es zu einer Situation in einer Pause des Workshops, wo wir beide alleine auf der Terrasse waren. Er rauchte dort seine Pfeife und sprach mich an bzw. warb mich an, wie ich später erkannt habe. Er sagte: „Sie sind doch der Herr Rieth aus Thüringen. Sie waren mal im Landtag." Oh, da hatte sich ja jemand exakt erkundigt. Er wusste, dass ich den Thüringer Aktionsplan zur Nachhaltigkeit aufgelegt hatte, wusste irgendwie von meinem großen Netzwerk und hatte von meinem Verhandlungsgeschick gehört. Deshalb – und das sagte er auch ziemlich direkt - wollte er mich anwerben, weil im ägyptischen Alexandria eine Stiftung gegründet werden sollte. Dafür bräuchte er genau jemanden wie mich.

Er erklärte mir, dass die Anna-Lindh-Stiftung auf einen lebendigen Kulturdialog setzt, der gezielt die kulturellen und religiösen Unterschiede thematisiert. Anna Lindh war eine schwedische Außenministerin, die im September 2003 in einem Stockholmer Kaufhaus erstochen wurde. Ihr Motto war: „Dialog ist nicht genug – Begegnungen entscheiden". Denn wer sich kennt und schätzt, schlägt nicht mehr aufeinander ein. Die Stiftung sollte die Zusammenarbeit der EU mit ihren südlichen Nachbarn rund um das Mittelmeer in Bildung, Kultur und Wissenschaft fördern. Die Anna-Lindh-Stiftung werde die erste Institution der Euro-Mediterranen Partnerschaft auf der Grundlage der Barcelona-Konferenz von 1995. Ihr Netzwerk bilden die 25 Staaten der Europäischen Union zusammen mit der Türkei, Israel und den arabischen Staaten Marokko, Algerien, Tunesien, Ägypten, Jordanien, Palästinensische Autonomiegebiete, Syrien und Libanon.

Das Angebot an mich persönlich war nun, ob ich mit ihm zusammen als

Senior-Experte für vier Jahre nach Alexandria gehen und die Stiftung mit aufbauen würde. Huch - da kam ich aus dem Staunen nicht mehr raus. Wie sollte ich denn das entscheiden? Es lag zwar sofort und klar vor mir, dass alle Entwicklungen in diese Richtung führten und die Gebietserweiterung nach dem Jabez-Gebet nun in richtig großem Stil bevorstand – aber wollte und konnte ich das wirklich?

Das klang nach einem Calling – einem Ruf, Gott zu trauen – übrigens in einem Gespräch mit einem Mann, der Traugott heißt! Geht es denn deutlicher?

Ich antwortete ihm: „Ich kann es mir schon vorstellen, mit Ihnen zusammenzuarbeiten, aber es gibt zwei Dinge, die für mich unüberwindbare Hürden sein können: wie wird meine Frau reagieren und was wird mein Minister dazu sagen. Er zog bedächtig an seiner Pfeife und antwortete: „Ach, Herr Rieth, wissen Sie was: Sie übernehmen Ihre Frau und ich übernehme den Minister."

Meine Bärbel jedenfalls wollte und konnte nicht mitkommen. Aber sie sagte: „Geh mit Gott, wenn Du sicher bist, dass es von Gott ist. Ich will Dich da nicht aufhalten, nur ich kann nicht weg hier wegen unserem Enkel und meiner Arbeit in der Staatskanzlei und in der Landeszentrale für Politische Bildung hier." So waren wir nach ausführlichen Gesprächen wieder mal eins und so war auch der Wille Gottes bestätigt. Jürgen Lehmann sagte uns mal: „Wenn ihr uneins seid in einer Sache, dann lasst die Finger davon, dann liegt kein Segen Gottes drauf." Das war inzwischen auch unsere Erfahrung geworden.

Vier Jahre allein in der arabischen Welt – das hörte sich nicht einfach an. Aber es hätte passen können und ich hatte ja Gott einen blanko Freifahrtschein ausgestellt. Es passte irgendwie, dieser Weg nach Alexandria. Und mir passte es trotzdem nicht so ganz. Also machte ich eine Art Deal mit Gott. Das darf man schon mal machen, es ist auch in der Bibel im Alten Testament beschrieben, wie Gideon ein solches Vlies ausgelegt hat. Die biblische Geschichte zum Gideon-Vlies kannst Du übrigens im Buch der Richter, Kapitel 6, ab Vers 36 nachlesen.

Ich habe also ein Gideon-Vlies ausgelegt und damit Gott um ein Zeichen gebeten. Meine Bereitschaftserklärung sah folgendermaßen aus: „Gott, wenn es wirklich Dein Wille ist, dass ich die vier Jahre nach Alexandria gehen soll, dann lass mich auch beim Gründungskongress dabei sein." Ha, ich hatte zwar angedeutet, dass ich es machen würde, aber die Hürde war doch sooo hochgelegt – nein, das wird nicht klappen, niemals. Ich war immer noch als kleiner Angestellter in Thüringen angestellt und dort zur Stiftungsgründung werden Staatsoberhäupter und Minister aus 35 Ländern eingeladen– da kann kein Helmut Rieth dabei sein. Unmöglich!

Ich hatte ernsthaft gedacht, damit Gott austricksen zu können. Aber - und auch das steht in der Bibel – für Gott ist nichts unmöglich!

Als die Euro-mediterrane Anna-Lindh-Stiftung für Kulturdialog im April 2005 offiziell gegründet werden sollte, lud sie den thüringischen Kultusminister als damals amtierenden Chef der deutschen Kultusminister-Konferenz dazu ein. Da dieser wegen einer Auslandsreise verhindert war, rief mich der ihn vertretende Staatssekretär Kjell Eberhard an und bat mich, bei diesem Gründungstreffen den Thüringer Kultusminister und damit Deutschland offiziell zu vertreten. WOW! Für Gott ist wirklich nichts unmöglich! Das war gleichzeitig auch die göttliche Bestätigung, dass ich vier Jahre nach Alexandria gehen soll, ja muss!!!

Bisher war mir übrigens nur die Geschichte bekannt, als Gott sein Volk aus Ägypten herausführte. Nun wurde ich als ein Gotteskind von Ihm selbst nach Ägypten gerufen. Das versprach durchaus, sehr interessant zu werden.

20. Alexandria und der Brückenbauer - 2006

Nun war es also doch so gekommen. Vor mir stand die Erfüllung meines Gelübdes kurz vor der Spontanheilung, nämlich dass ich alles für Jesus tue, wenn ich denn geheilt werde. Jetzt wurde ich völlig zurecht beim Wort genommen. Es ging nun in die Stadt, die mir bereits fünf Jahre zuvor bei meiner ersten Reha in meinem ersten Lobpreisgottesdienst in der Lutherkirche Chemnitz als Bild von oben gezeigt wurde. Du erinnerst Dich vielleicht an meine Beschreibung, dass die Stadt mit Vulkanasche oder so etwas bedeckt war. Aber es war keine Asche, sondern Sand. Einmal im Jahr kommt nämlich der Sandsturm aus der Wüste Gobi und Alexandria wird komplett mit Sand bedeckt.

Zunächst reiste ich ohne Sandsturm für eine Woche mit offiziellem **Dienstauftrag zur Gründungskonferenz nach Alexandria**. Am Begrüßungsabend traf ich Traugott Schoefthaler wieder. Dieser hatte eine interessant-eigentümliche Bitte an mich, der ich ja eigentlich der offizielle deutsche Vertreter dort war. Er bat mich: „Herr Rieth, könnten Sie mir heute Abend behilflich sein? Sie wissen ja, ich muss doch mit jedem, der hier ankommt, das Glas erheben und anstoßen. Achten Sie bitte darauf, dass mein Glas immer gefüllt ist." Da hat es zuerst in mir rumort! Denn wie kann der denn aus mir, dem ehemaligen Landtagsabgeordneten, seinen Mundschenk machen! Ja, der alte Adam, der rebellische Geist in mir, kam immer noch hoch. Aber ich hatte kurz in mich hineingehört und fand ein Ja. Es war ein langer Job, bis alle Gäste begrüßt waren. Und ich stand immer neben ihm. Er beobachtete meine Bereitschaft zum Dienen und wie ich mit den Gästen ins Gespräch kam. Erst viel später hatte er mir eröffnet, dass er mich so kennenlernen und ein bisschen testen wollte. Nun – ich hatte bestanden.

Nach dieser Woche kam die offizielle Anfrage oder eher Anforderung für die vier Jahre und alle weiteren Details wurden besprochen. Da bei dem ganzen Vorhaben Gott die Fäden gezogen hat, kam es noch besser als gedacht. Ich brauchte nicht einmal den Arbeitgeber zu wechseln, denn der Kultusminister Prof. Dr. Jens Goebel entsandte mich im Rahmen einer vierjährigen Abordnung bis Ende 2009 als „Thüringens Kulturbotschafter" nach Alexandria. Er hatte sich mit und für mich gefreut: „Es ist erfreulich, dass Thüringen nun einen ‚Botschafter' in Alexandria haben wird. Das Thema Nachhaltigkeit gehört zu den Zukunftsthemen schlechthin. Es ist entscheidend für die Zukunft der Menschheit."

Und wie so oft lebt Gott in Beziehungen und meine Glaubensschwester Renate, die ich ja bereits kennenlernte, hat mir sehr bei der Vorbereitung auf meine Ägyptenzeit geholfen. Sie beschreibt es selbst:

ZWISCHENWORTE

Renate von Boddien: Vorbereitungzeit

„Helmut wurde Ende 2005 durch Gottes Führung berufen, als „Thüringens Kulturbotschafter" zur Euro-mediterranen Anna-Lindh-Stiftung nach Alexandria in Ägypten zu gehen. Bei der inhaltlichen Vorbereitung konnte ich ihn unterstützend begleiten. Aufgrund meiner langjährigen Erfahrung in der Entwicklungszusammenarbeit empfahl ich ihm, sich einige Monate in der Vorbereitungsstätte für internationale Weiterbildung und Entwicklungszusammenarbeit in Bad Honnef auf den 4-jährigen Auslandseinsatz professionell vorzubereiten. Denn das ist vor Auslandseinsätzen von deutschen Entwicklungsexperten stets vorgesehen.

Ich war damals als Referatsleiterin im Bundesentwicklungsministerium unter anderem auch für die Bund-Länder-Entwicklungszusammenarbeit zuständig. Ich rief den zuständigen Staatssekretär im thüringischen Kultusministerium an und erreichte, dass Helmut für 3 Monate in die Vorbereitungsstätte entsandt wurde, um sich über Landeskunde Ägyptens, interkulturelle Kommunikation, Englisch etc. fortzubilden.

Außerdem vermittelte ich Helmut einen Bibelkreis befreundeter Christen dort in der Nähe, die ihn herzlich aufnahmen. Gott sei Dank beschlossen sie, sich für Helmuts geistliche Vorbereitung mit Aussagen der Bibel über Ägypten zu beschäftigen. Als krönenden Abschluss führten sie dann vor Helmuts Ausreise ein „hörendes Gebet" durch, in dem sie wichtige Verheißungen und Ermutigungen Gottes für Helmuts Zeit in Ägypten empfingen und ihm weitergaben. Ich war hierzu extra angereist, um das hörende Gebet und Gottes Wirken hierbei mitzuerleben. Das war für mich auch etwas ganz Besonderes. Dabei konnte ich für Helmut alles Gehörte aufschreiben, damit er diese Ermutigung Gottes in Ägypten bei Bedarf noch einmal nachlesen konnte. Ich fand diese geistliche Vorbereitung auf seinen Auslandseinsatz auch für mich sehr inspirierend und lehrreich, dass wir uns auch geistlich und nicht nur weltlich auf unsere Aufgaben vorbereiten sollten."

Dieser von Renate empfohlene Hauskreis – der Rheinbacher Kreis - war wirklich der Hammer und genau richtig für mich. Dort hatte ich begriffen, wie Gott wirkt. Auch oder weil sie dort Dinge mit mir machten, die ich in meinem bisherigen Leben entweder noch nie gehört hatte oder zielstrebig umging wie zum Beispiel Beichte oder Seelsorge, wurden sie genauso Wegbereiter wie Wegbegleiter und liebe Freunde. Ohne diese einfühl- und aufmerksamen Menschen hätte ich die Ägyptenzeit wahrscheinlich nicht überstanden. Ich bedanke mich auch an dieser Stelle wiedermal ganz herzlich für die Brüder und Schwestern und ihren wertvollen Dienst an mir.

Es war nicht nur der empfohlene Hauskreis für mich, sondern es war auch Gottes Führung. Das hatte ich in dem Moment erst gespürt, als ich dort in Rheinbach bei Ulrich und Brigitt Hoenisch an der Tür klingelte. Diese öffnete sich und mir stand ein riesengroßer Mann gegenüber. Er war etwas älter und seine Haarfarbe deutet auf seinen inneren Zustand hin – er war weise. Und er sagte: „Helmut, schön, dass Du jetzt bei uns bist. Wir haben etwas gemeinsam: Ich war auch in Kranichfeld auf der Stiete." Na das verwunderte mich aber. Woher konnte der das wissen, ich kannte ihn doch überhaupt nicht. Auf der Stiete hatte ich damals manchmal mit meinem Freund Ludwig zur Sommersonnenwende gezeltet. Es war jedenfalls erstaunlich, wie Gott doch Wege vorbereitet, die wir sonst gar nicht hätten gehen können. Ich war jedenfalls mehr als willkommen in diesem Haus – was für eine Erleichterung. Gott sei Dank.

Dieser Kreis hatte sein Programm beiseitegelegt und sich einige Treffen lang nur mit mir und mit der Frage beschäftigt, wie sich Gott in seiner Heiligen Schrift zu Ägypten äußert und was das für mich, für die heutige Zeit und für meinen Dienst bedeutet. Ich habe viel über die Geschichte und die Verheißungen, die sich auch zum Teil schon erfüllt haben, gehört und verstanden. Ich hielt Ägypten immer für die Bösen – na klar, wegen der hunderte Jahre langen Knechtschaft des israelitischen Volkes. Aber dann hat Gott sein Volk aus Ägypten geführt – im Wohlstand. Sie hatten so viel Gold bei sich, das in der Wüste das goldene Kalb gegossen werden konnte. Das Volk blieb gesund, wurde beschützt und versorgt in der Wüste – immerhin schätzungsweise zwei Millionen Menschen vierzig Jahre lang. Und auch die heilige Familie fand kurz nach Jesu Geburt wohl einige Jahre lang Schutz in Ägypten. Ägypten war eines von zwei Ländern, die einen Friedensvertrag mit Israel hatten und haben. Also ich durfte lernen, dass die Ägypter nicht unbedingt nur die Bösen sind. Das war sehr wichtig für das Verständnis meines bevorstehenden Dienstes in diesem Land. Und meine zukünftige Arbeitsstätte und Wohnstadt Alexandria war damals vor nun 2000 Jahren die größte jüdische Gemeinschaft außerhalb Judäas. Ich bekam einen vollkommen neuen Blick auf die Dinge und das war sehr gut so. Ich hatte mir selbst eine Hürde aufgebaut, denn ich wusste, dass in der Bibel steht: „Ich rief meinen Sohn aus Ägypten heraus." Und ich wurde nun umgekehrt dahin gerufen - na das war schon irgendwie eigenartig für mich. Da schien etwas nicht zu stimmen, so sagte meine wissensmangelnde Unterbelichtung zu mir, die aber im Rheinbacher Kreis aufgehellt wurde.

Am Schluss jeden Treffens wurde eine halbe Stunde für mich gebetet und gehört. Auch das war mir neu und ich fühlte mich anfangs wie auf dem Schleuderstuhl, bis ich auch diese für mich neue Sache genießen konnte. Es wurden Bilder für mich gesehen und Bibelstellen weitergegeben, die mich dann die ganzen vier Jahre vor Ort begleiteten. Und so wurde ich dort wirklich zugerüstet, ich wurde geistlich gereinigt. So hat zum Beispiel das Ehepaar Krämer mal gefragt: „Sag mal Helmut, ihr habt doch in der DDR einige Eide schwören müssen. Bist Du davon schon mal freigesprochen worden?" Was denn für ein Freispruch, ich hatte doch gar nichts verbrochen! Sie sagten, es wäre wichtig und sie würden gern eine Seelsorge mit mir machen. Oh, wieder so ein unbekannt-gefährliches Wort. Auch Renate war sehr dafür und hielt eine Seelsorge für unbedingt notwendig. Also war ich wenigstens ihr zuliebe offen und es war sehr gut so. Sie kamen zu mir nach Bad Honnef in mein kleines Zimmerchen dort. Diese Reinigung und das Ablegen von alten geistlichen Problemen dauerte ganze acht Stunden lang und war doch so heilsam für mich, auch wenn ich danach fix und fertig war, platt wie eine Flunder, ausgelaugt. Und da rief Renate an und wollte genau wissen, wie es gelaufen ist, aber ich konnte einfach absolut nicht mehr. Es hatte auch nicht einmal Mittagessen zwischendurch gegeben.

Andere Probleme lösten sich wie von selbst. Ich erhielt ungewöhnlich schnell ein Arbeitsvisum mit Diplomatenstatus, vermittelt durch den persönlichen Einsatz des damaligen Ägyptischen Botschafters in Deutschland, Seine Exzellenz Muhammed al Orabi. Ich fand auch eine Wohnung und eine geistliche Heimat. Wenn man auf den von Gott vorbereiteten Wegen geht, dann läuft es. Ich habe es immer wieder wahrgenommen und mich darüber gefreut, denn es war auch jedes Mal ein Zeichen der Nichteinsamkeit und der Ermutigung, selbst oder erst recht, wenn es anders kam, als ich es geplant hatte.

Es ging endlich los. Ich stand mit meinen beiden großen Koffern in Frankfurt am Flughafen und checkte ein. So, das Gepäck war ich schon mal los. Da riefen sie mich an den Schalter zurück und sagten, dass ich Übergepäck habe. Ja, das war mir soweit klar. Was mir allerdings ganz und gar nicht klar war: Ich sollte nun deshalb 400 Euro bezahlen. Na das sah doch sehr nach einem Zeichen aus, die ganze Sache in letzter Minute abzublasen. Ich war sehr verunsichert, aber da hörte ich die bekannte Stimme in meinem Innern: „Bezahle es. Bezahle es." Ich konnte auch diese Ausgaben später abrechnen.

Bei meiner Ankunft in Alexandria empfing mich mein Freund Amr und wir fuhren mit seinem Lada zum Seemannsheim der Deutschen Seemannsmission. Denn eines Tages während meiner Reisevorbereitungen in Deutschland rief mich der Leiter vom Haus der Stille in Friedrichroda an. Er sagte, dass er eben mit Alexandria telefoniert habe, denn dort wohnt ein guter Freund von ihm, der das Seemannsheim leitet. Da könne ich zunächst für ein paar Tage übernachten. Gott lebt in Beziehungen und hatte so vieles schon lange vorbereitet.

Als ich nun mit meinen beiden Koffern und Amr endlich dort ankam, sagte mir der Seemannsheim-Leiter Walter Köhler, dass leider kein einziges Zimmer für mich frei sei, weil über Nacht unangekündigt ein großes Schiff im Hafen eingelaufen war und deshalb alles belegt sei. Man habe sich aber gekümmert und falls ich kein Problem mit katholischen Schwestern hätte, könne ich in das Kloster der Borromäerinnen fahren und dort die ersten Nächte verbringen. Na super. Das hatte mich erst einmal nicht sehr erfreut.

Diese Klosteranlage der „Barmherzigen Schwestern des Ordens des Heiligen Karl Borromäus" war wie eine Oase in dieser lauten Neun-Millionen-Stadt. Ich wurde also dort von Amr abgeliefert und plötzlich stand ich alleine da. Es war gegen achtzehn Uhr. Allein und verlassen stand ich da, niemand war zu sehen. Ich hörte aber einen Gesang und so ging ich in diese Richtung. Da, hinter einer großen Holztür, waren Leute und sangen. Also öffnete ich diese Tür. Sie knarrte fürchterlich laut. Alle knapp zwanzig, schwarz-weiß gekleideten Schwestern drehten sich um und schauten mich an. Ich hatte sie beim Abendgebet in ihrer

Kirche gestört. Die Oberin schüttelte scheinbar erbost den Kopf, aber bedeutete mir mit kurzen Fingerbewegungen: Reinkommen und dort hinsetzen. Nach dem Gebet zogen sie alle wieder in Zweierreihe aus der Kirche, nur die Oberin setzte sich zu mir und sagte sehr freundlich: „Herr Rieth, das ist schön, dass Sie heute gekommen sind. Ihr Zimmer ist vorbereitet. Wir freuen uns auf Sie. Und wenn Sie erst einmal in Ruhe ankommen wollen, dann bleiben Sie einfach hier. Ich komme in einer halben Stunde wieder." Und weg war sie. Ich war wieder allein in dieser Kirche ge- und verlassen. Es war beängstigend für mich: fremdes Land, fremde Kultur, weit weg von zu Hause. Da verkrampft das Herz und der Kopf schaltet auf Ablehnungsdauerfeuer.

Ich ging nach vorn. Da stand eine Jesusfigur mit einem offenen, großen Herzen. Ich schaute in dieses Herz hinein und sah ein weißes Licht. Ich fiel auf den Boden und habe jämmerlich geschluchzt und geweint. Mir wurde innerlich plötzlich klar, wo ich hier gelandet bin, welche Last vor mir liegt, welche Tragweite das Ganze hat. Ich konnte es in dieser Minute nicht aushalten! Wie sollte es dann die nächsten zwei Millionen Minuten der kommenden vier Jahre werden??? Viertausend Kilometer weg von Zuhause. Ich hatte fertig, ich wollte wieder nach Hause. Am Boden zerstört, am Boden haftend, die Arme wie ergeben ausgebreitet, endlos und tränenreich schluchzend.

Dann wurde ich ruhig und spürte etwas, wie ich es als Fünfzehnjähriger in dem Graben in Polen erlebt hatte. Nach und nach wurde ich in ein fließendes, helles Licht eingehüllt. Das tat mir gut und war ein Trost. „Ich bin da. Du bist nicht allein. Ich bin hier bei Dir." sprach Jesus zu mir und mir zu. Jetzt strömten die verbliebenen Tränen erst recht, nur dieses Mal waren es Tränen der Freude. Ich war erleichtert und konnte wieder aufstehen. Ich war versöhnt. Ich war angekommen.

In diesem Moment quietschte die Tür, denn die Oberin kam zurück und holte mich zum Abendessen. Danach bekam ich mein eigenes Zimmer. Ich konnte zehn Tage dort bleiben, die Klosterschwestern kochten für mich, umsorgten mich regelrecht und liebevoll. So war es eine gesegnete Startzeit für mich in Alexandria.

Ich fand in dieser Zeit mit Gottes Hilfe und dem Einsatz meines neuen Freundes Olaf eine feine Wohnung, eines Botschafters würdig, mit Empfangsraum usw. – aber erst, nachdem ich die anderen angebotenen Wohnungen so schrecklich fand, dass ich doch wieder abreisen wollte. Dieser Olaf Deussen stammte aus Bad Homburg, war Student und wurde am zweiten Tag zu mir ins Kloster geschickt. Von da an war er sechs Wochen an meiner Seite in Alexandria, aber wir haben über die Jahre weiter die Verbindung gehalten. Sein Vater stammte aus Ägypten, lebte allerdings schon länger in Amerika. Aber Olaf konnte sich dadurch im Arabischen gut zurechtfinden. Apropos zurechtfinden; das hat er mich gelehrt, mich in der Stadt alleine zurechtzufinden. Wir waren gemeinsam im Carrefour günstig einkaufen, was man so alles im Haushalt braucht. So hat er mir ganz liebevoll geholfen, meine Wohnung dort einzurichten. Er zeigte mir, wo ich am besten Lebensmittel einkaufe, und hat mir die wichtigsten arabischen Wörter für den Alltag beigebracht, damit ich wenigstens etwas kommunizieren konnte. Ich hatte schon auch eine sprachliche Vorbereitung in Deutschland, aber wenn man dann vor Ort im Alltag ist, klingt alles ganz anders und in jedem Falle völlig unbekannt. Ich war so froh über meinen jungen, hilfreichen und geduldigen Lehrmeister mit Weitblick. Er hat mir das Laufen in der arabischen Welt beigebracht, selbst die Körpersprache, die man dort braucht, habe ich schnell von ihm lernen können.

Einmal sind wir nach Kairo gefahren. Olaf sagte, dass ich mich dort auch auskennen muss, denn ich werde ab und zu dienstlich dort sein. Ich wurde eingewiesen, wo ich absolut nicht hindarf und welche Stadtgebiete eher ungefährlich sind. Und so gingen wir in das koptische Viertel. Die Kopten sind auch Christen mit einem eigenen Papst. Dort ließ Olaf mich nun alleine und wir wollten uns genau an dieser Stelle 2 Stunden später wieder treffen. Also war ich eben allein in dieser Mega-Stadt unterwegs. Es war Sonntag, vierzehn Tage nach unserem Ostern. Mich hat die Kirche interessiert und so ging ich da hinein und war begeistert. Ich fühlte mich wohl in dieser heilig-würdigen Atmosphäre mit sehr viel Weihrauch und so. Die eigentlich dunkle Kirche war mit vielen Kerzen beleuchtet und so langsam ging mir auf, dass es für die Kopten der Ostersonntag war. Die Menschen strömten in die Kirche und es nahm kein Ende.

Als die zwei Stunden fast um waren und ich raus wollte, ging das aber nicht. Ich kam nicht raus aus der Kirche, weil so viele Menschen aus der Richtung hineinströmten, in die ich wollte und nicht konnte. Ich hatte kurz überlegt, ob ich jetzt Panik bekommen oder was ich machen soll. Ich rief Olaf an, aber durch die dicken Kirchenmauern war kein Netz. Ich begann, mir Sorgen zu machen, konnte aber nichts anderes tun als abwarten. Nach einigen Stunden entkam ich dann doch den Kirchenmauern und ging zum vereinbarten Treffpunkt.

Auch Olaf hatte versucht, mich anzurufen. Aber Olaf hatte einen tiefen Frieden, weil er merkte, dass in der Kirche nun Gottesdienst und alles voll mit Gedränge war selbst außen vor der Kirche, wo der Ostergottesdienst auch übertragen wurde.

Und so hat mich Olaf ganz wunderbar unterstützt, in dieser arabischen Welt loszulaufen und mich etwas zurechtzufinden. Später durfte auch ich ihn unterstützen. Seine Mutter sandte einmal eine Karte, auf der sie mir schrieb: „Danke Helmut, dass du ein Säulensteher bist und auf meinen Olaf aufpasst." Was Gott einmal mit seiner Liebe verbunden hat, lässt sich nicht mehr trennen. Und so sind Olaf und ich in Christus über die Jahre verbunden geblieben.

In der Bibliotheca Alexandrina bekam ich in der Zentrale der Euromediterranen Anna-Lindh-Stiftung für Kulturdialog ein herrliches Büro mit Blick auf das Mittelmeer. Ich war von dieser unverdienten Gnade sehr überwältigt.

Ich wurde Mitglied der Internationalen Christlichen Gemeinde von Alexandria. Diese Gemeinde vermittelte mir sogar einen Assistenten, der sich um meine Wohnung kümmerte, wusch und kochte. Er hieß Jacob und war ein Christ aus Ghana, mit dem ich auch täglich die Bibel las.

Dienstlich stand ich vor ganz neuen großen Herausforderungen. In einer von Ressentiments vergifteten Gesellschaft können bloße Gerüchte töten. Das Gerücht, in einer koptischen Kirche in Alexandria werde ein Film gezeigt, der den Islam lächerlich mache, löste Ostern 2006 als unmittelbare Folge des „Karikaturenstreits" erstmals heftige Zusammenstöße zwischen islamischen und christlichen Jugendlichen in der Stadt mit neun Millionen Einwohnern aus. Bilanz: zwölf Tote. Was kann man tun?

Von Kollegen wurde ich immer wieder gefragt, warum ich den Stress eigentlich auf mich nehme – leben und arbeiten in einer fremden arabischen Kultur. Alexandria ist anders, laut und hektisch. Aber ich war eben berufen und hatte das Gelübde getan. Oder einfacher und deutlicher gesagt: Ich tat es für Jesus, weil Er so viel für mich schon getan hatte.

Bild: ich vor dem Montaza-Palast in Alexandria (privat)

Die räumliche Trennung oder sagen wir mal die mehrere tausend Kilometer Entfernung zwischen uns war nicht leicht. Meine Bärbel und ich waren noch nie so lange getrennt gewesen, aber es hat am Ende unsere Ehe Gott sei Dank gestärkt. Ich konnte nur, aber immerhin alle zwei bis drei Monate nach Hause kommen, meist in Verbindung mit dienstlichen Reisen. Ich war zu der Zeit eh nicht mehr so richtig der Herr im Hause, denn unser Enkelsohn Julian war oft bei uns und der neue „Chef" im Hause.

Eine Kollegin in Alexandria meinte fragend: „Du bist wohl im Auftrag des Herrn unterwegs?" Als ich nickte, fügt sie hinzu: „Dann musst du einen starken Glauben haben." Den hatte ich inzwischen wirklich.

Die arabische Umgangssprache habe ich so einigermaßen gelernt. Aber Lesen konnte ich die Sprache nicht – meist bin ich mit Englisch durchgekommen.

Um meine vielfältigen Aufgaben in Alexandria zu beschreiben, ziehe ich am besten Teile aus meinem späteren Arbeitszeugnis zu Rate, denn darin ist das Wichtigste zusammengefasst.

ZWISCHENWORTE

Andreu Claret, Executive Director Anna-Lindh-Stiftung für Kulturdialog (ALS): Referenzschreiben

„Herr Rieth war federführend am Aufbau und der Erweiterung des deutschen ALS Netzwerkes beteiligt. In Bund- Länder-Gremien, insbesondere der deutschen Entwicklungszusammenarbeit sowie auf den Ebenen der Ministerpräsidentenkonferenz (MPK) und der Kultusministerkonferenz (KMK), warb Herr Rieth eindringlich für den interkulturellen Dialog mit der islamischen Welt. Er zeigte am Beispiel seines persönlichen Wirkens als „kultureller Brückenbauer" im Rahmen einer internationalen Bildungskooperation Wege für eine Zusammenarbeit, eingebettet in die UN-Dekade „Bildung für Nachhaltige Entwicklung 2005-2014" (BNE) auf.

Leitsatz seines engagierten und couragierten Handelns als Repräsentant der ALS war stets der Ausspruch von Anna Lindh „Dialog ist nicht genug - Begegnungen entscheiden". Diesem Credo verpflichtet entwickelte er gemeinsam mit verschiedensten hochrangigen internationalen und deutschen Partnern (UNESCO, Goethe Institut, InWent, GTZ, DAAD, WUS, Friedrich-Ebert-Stiftung, Konrad-Adenauer-Stiftung, Quandt-Stiftung, Deutsche Botschaft Kairo etc.) ausgezeichnete und ambitionierte Begegnungsprojekte, die unter anderem unter der Schirmherrschaft von den Bundesministern Schavan und Schäuble, dem Thüringer Kultusminister Goebel und der Thüringer Landtagspräsidentin Prof. Schipanski standen.

Ebenso erarbeite Herr Rieth ein pädagogisches Konzept zum Aufbau eines Bildungsservers der ALS zur Bildung für Nachhaltige Entwicklung im euro-mediterranen Raum und unterstützte hierbei den Aufbau von Schulpartnerschaften. Das von der Deutschen UNESCO-Kommission als einziges internationales interkulturelles Schüleraustauschprojekt ausgezeichnete UN-BNE-Dekadenprojekt (17 beteiligte Deutsche Schulen aus 17 euro-mediterranen Staaten) „Unterschiede leben - gemeinsam füreinander da sein" ist hier exemplarisch zu nennen. Herr Rieth betreute hier im Kontext der BNE insbesondere die Deutsche Schule der Borromäerinnen Alexandria. Mit pädagogischem Feingefühl und Europa-Kompetenz förderte er den interkulturellen und interreligiösen Dialog der Schüler und Lehrer.

Eingebunden in das Jahr des Euro-Mediterranen Interkulturellen Dialogs 2008 unterstützte Herr Rieth die Kampagne der ALS und ihrer nationalen Netzwerke „1001 Aktionen für Dialog". Ziel der Kampagne war, in 37 Staaten rund um das Mittelmeer, Menschen und zivilgesellschaftliche Organisationen für gegenseitiges Verständnis und Respekt zu mobilisieren, um im interkulturellen Dialog Rassismus, Xenophobie und jede Art von Diskriminierung zu bekämpfen, gemeinsame Wurzeln und gemeinsames Erbe wiederzuentdecken. „Culture Jam" war das zentrale deutsche Projekt in Thüringen des e-werk-weimar e.V., welches Herr Rieth konzeptionell und mit hohem persönlichem Einsatz begleitete. In der „Euro-Mediterranen Nacht des Dialoges" - dem Höhepunkt der Kampagne - fanden in allen Partnerländern synchron Kulturveranstaltungen statt. Die Menschen erhoben gemeinsam ihre Stimme für Dialog und Verständigung.

In all seinen Projekten bewies Herr Rieth stets sehr hohe interkulturelle Kompetenz, Integrität und Loyalität. Dies zeigte sich unter anderem in der höchst vertrauensvollen Zusammenarbeit mit ägyptischen Behörden und Ministerien. Die ALS Alexandria und das deutsche ALS Netzwerk schätzten ihn als wertvollen Mitarbeiter und Berater auf Grund seiner außerordentlichen Fachkenntnisse, seines ausgeprägten politischen Gespürs und seiner Handlungskompetenz, seiner präzisen Urteilsfähigkeit und seinem Wissen um die arabischen und muslimischen Befindlichkeiten."

Während meiner Zeit in Ägypten hat mich meine Bärbel einmal besucht. Der Besuchstermin war ganz ungünstigerweise und auch von mir unwissenderweise auf die letzten Tage des Fastenmonats Ramadan gelegt. Da war es so voll und laut in der Innenstadt, wo auch meine Wohnung lag, dass man kaum noch in seine Wohnung kam. Meine Tür war ohnehin schon verstärkt worden. Meine Kollegen flüchteten später regelmäßig an diesen Tagen aus der Stadt und gingen in die Wüste. Da war nun wieder das ganze Gegenteil – es war ruhig, ehrlich gesagt zu ruhig. Am Tag, als nun endlich Bärbels Rückflug sein sollte, war der Flughafen komplett geschlossen. Ja, klar - am Tag nach dem Ramadan arbeitet niemand. Es musste also umgebucht werden. Verständlicherweise hat mich Bärbel dort nie wieder besuchen wollen.

Da ich so viel von meiner Erleuchtung auf dem Mosesberg erzählt hatte, wollte Renate das auch erleben und beschreibt unseren Aufstieg:

ZWISCHENWORTE

Renate von Boddien: Mosesberg 2008

„Helmut hatte mir öfters von seinem ersten Aufstieg auf den Mosesberg auf dem Sinai im Jahr 2000 berichtet. Besonders faszinierte mich, dass er dort

auch Gottes Stimme gehört hatte. Während seines Aufenthalts in Alexandria entstand dann der Plan, den Mosesberg Anfang 2008 gemeinsam zu besteigen. Wir nahmen unseren Glaubensbruder Uli Hoenisch gerne mit, der uns mit seinen 70 Jahren gerne begleiten wollte – es war für den Leiter des Rheinbacher Kreises der Wunsch zu seinem 70. Geburtstagsjubiläum. Wir buchten für eine Woche in der Nähe in Sharm el Scheich ein Hotel und nutzten die Zeit, um uns auf biblischer Basis auf den Anstieg vorzubereiten. Es war geistlich sehr lehrreich und machte Freude, in den Büchern Mose im Alten Testament nachzulesen wie Gott mit Mose und Mose mit Gott sprach. Ich bin überhaupt keine begeisterte Bergsteigerin. Doch wollte ich gerne mit meinen Glaubensbrüdern gemeinsam den Mosesberg besteigen, um Gott zu erleben.

Wir mussten sehr früh aufbrechen, um gegen drei Uhr morgens vom Katharinenkloster aus den Aufstieg zu beginnen. Unser Ziel war, rechtzeitig vor Sonnenaufgang, also vor sechs Uhr, auf dem Gipfel des Mosesbergs anzukommen. Der Aufstieg wurde immer beschwerlicher, die Felsenstufen immer höher und schwerer zu erklimmen. Plötzlich setzte sich unser Bruder Uli Hoenisch auf einen Felsblock, weil ihm schwindlig war und er nicht weitergehen konnte. Daraufhin haben Helmut und ich „sturmgebetet", dass Gott Uli hilft, rechtzeitig zum Gipfel rauf- und danach wieder runterzukommen. Und Gott erhörte unser Gebet und schenkte Uli schnell neue Kraft und klare Sicht, sodass wir gemeinsam rechtzeitig auf dem Gipfel den Sonnenaufgang erleben konnten. Uli´s Wiederherstellung und der Sonnenaufgang haben uns alle sehr bewegt. Und ich war sehr dankbar, Gottes Wirken und diese Gebetserhörung erlebt zu haben. Denn wir hätten unseren Freund nicht von dort kurz vor dem Gipfel die riesigen, steilen Stufen runtertragen können. Wir drei Glaubensgeschwister haben noch lange von unseren Erlebnissen bei dieser Mosesberg-Besteigung gezehrt und darüber gesprochen. Eine großartige Erfahrung!"

21. Rückkehr und der Rückkehrer - 2009/2012

Nach meinen vier Jahren in Ägypten wurde ich angefragt, ob ich weitere Jahre verlängern würde. Aber ich fühlte mich bereits im letzten Jahr in Ägypten 2009 schon nicht mehr so sicher. Der arabische Frühling war an- und aufgebrochen, die jungen Männer waren im Anmarsch. Ich hatte nun am Ende auch einen Bodyguard zugeordnet bekommen. Es brodelte hier und da. Wir Ausländer hatten kleine Kärtchen bekommen, wo wir hingehen sollten, um eventuell aus dem Land geholt zu werden.

Und ich hatte keine Verlängerungsanweisungen von Gott erhalten. Das spielte natürlich die gewichtigere Rolle. Bärbel und ich waren darüber sehr froh.

Ende 2009 kehrte ich also nach Deutschland zurück, natürlich in mein geliebtes Thüringen. Ich blieb weiterhin im Thüringer Kultusministerium angestellt und wurde abgeordnet ins Europäische Informationszentrum der Thüringer Staatskanzlei. So konnte ich die Dinge, die von Ägypten her noch offen waren, fertig machen. Und ich konnte übrigens auch mit Bärbel zusammen zur Arbeit fahren. Das ging zunächst bis zum 15. November 2010. Ministerpräsidentin Christine Lieberknecht wollte mich gern weiterhin behalten. Aber irgendwie war kein Geld da und so war doch tatsächlich im Gespräch, dass ich nach zwanzig Jahren Abwesenheit direkt wieder als Berufsschullehrer in den Schuldienst gesteckt werden sollte. Das konnte ich mir nun gar nicht mehr vorstellen, weil ich ja so lange raus war. Das hätte ich nicht hinbekommen.

Dann hat sich mein Freund Hans-Jürgen Döring für mich eingesetzt und es hinbekommen, dass ich ein paar Wochen später wieder eine Festanstellung beim THILLM als Referent für Bildung, nachhaltige Entwicklung und kulturelle Vielfalt hatte. Allerdings war ja meine damalige Stelle in meiner Abwesenheit wieder besetzt worden und da gab es einige Misskommunikationen. Bis das alles geklärt war, habe ich einfache Schreibtischarbeiten machen müssen wie Kommafehler suchen und

Ordner einheften. Ich scheue mich vor keiner Arbeit, nein, das war nicht das Problem. Aber es war eben weder besonders sinnvoll noch herausfordernd noch ein gutes Arbeitsklima. Es hat mich gekränkt, ich fühlte mich da wie auf einem Abstellgleis, ruhiggestellt, unbeachtet, unwertgeachtet. Damit hatte ich ziemlich stark zu kämpfen. Es hatte mich wirklich schwer geschmerzt, so respektlos behandelt zu werden. Ich war gestresst und meine Seele hat aufgeschrien.

Im Februar 2012 geschah dann das Unerwartete und Unvorstellbare. Elf Jahre nach meiner ersten Krebsdiagnose traten plötzlich wieder Flecken am linken Oberarm auf. Unglaublich erschütternd und niederschmetternd war es wieder schwarzer Hautkrebs – dieses Mal allerdings bereits Kategorie 4 von 5, was höchste Lebensgefahr und eine Lebenserwartung von 12, maximal 24 Monaten bedeutete. Wieder gingen die Ärzte davon aus, dass er gestreut hat und schon andere Organe von Metastasen befallen waren. Der Schock saß tief. Ich habe mich gefragt, wie das sein kann. Gott macht doch keine halben Sachen! Wenn er heilt, dann doch für immer - oder? War alles ein Irrtum? Ich konnte nur ganz schwer und schlecht damit umgehen. Es war wie eine Prüfung und eine Erschütterung meines Glaubens. Ich hatte wirklich Todesangst. Aber Gott über Bord werfen konnte und wollte ich trotzdem nicht, denn ich hatte in der Zwischenzeit noch so viel mehr mit ihm erlebt, das konnte ich nicht einfach leugnen.

Ich hatte viel gebetet, viele Menschen hatten für mich gebetet. Und ich hatte mich oft an Psalm 23 (Übersetzung ELBBK) festgehalten, wo geschrieben steht:

„Der HERR ist mein Hirte, mir wird nichts mangeln. Er lagert mich auf grünen Auen, er führt mich zu stillen Wassern. Er erquickt meine Seele, er leitet mich in Pfaden der Gerechtigkeit um seines Namens willen. Auch wenn ich wanderte im Tal des Todesschattens, fürchte ich nichts Übles, denn du bist bei mir; dein Stecken und dein Stab, sie trösten mich. Du bereitest vor mir einen Tisch angesichts meiner Feinde; du hast

mein Haupt mit Öl gesalbt, mein Becher fließt über. Nur Güte und Huld werden mir folgen alle Tage meines Lebens; und ich werde für immer wohnen im Haus des HERRN."

Ich entschloss mich, mit Gott durch alles durchzugehen, was jetzt auf mich zukommen wird. Jesus ist doch unser Heiland und unser Retter.

An dem Tag vor dem ersten Operationstermin hatte ich in der Bibel scheinbar zufällig folgende Stelle gefunden:

„Ist jemand krank unter euch? Der rufe die Ältesten der Versammlung zu sich, und sie mögen über ihn beten und ihn mit Öl salben im Namen des Herrn." (Jak 5,14)

Also rief ich meinen Freund und inzwischen Hausarzt Jürgen Lehmann an und er ließ mich sofort kommen und salbte mich mit Öl aus Jerusalem, vor allem auch an der Stelle am linken Oberarm. Es ist dort auch wirklich etwas passiert, denn am nächsten Morgen war dort ein fingernagelgroßer brauner Ring zu sehen. Ich behaupte ganz fest: wenn ich das nicht gemacht hätte, wäre dieser Krebs durchgebrochen. Und so hat der Wächterlymphknoten seine Arbeit machen können und am nächsten Tag bei der OP war nur eine einzige Mikrometastase im Wächterlymphknoten zu finden. Der Krebs hatte also nicht gestreut und so bin ich Gott für Sein Eingreifen in dieser Nacht überaus von Herzen dankbar, dass Er das Schlimmste verhindert hat.

In der folgenden Operation wurden mir einige Lymphknoten entfernt. Ich habe nicht wieder eine Spontanheilung erlebt, aber es war trotzdem ein Wunder, dass es nur eine einzige Mikrometastase gab, sonst nichts.

Dennoch musste ich die komplette Krebsbehandlung durchmachen. Ich musste zwar keine Chemo machen, dafür aber vorbeugend eine anderthalbjährige Immuntherapie mit Interferon. Das bedeutete, dass ich mich montags, mittwochs und freitags selbst spritzen musste. Diese Therapie hatte für mich schwere und schmerzhafte Nebenwirkungen, so dass diese Zeit über achtzehn lange Monate nicht einfach war.

Dieses Mal hatte Gott den Krebs nicht einfach weggenommen, aber diese Erfahrung hat mir eines klar gemacht: Jesus Christus hat am Kreuz alle unsere Krankheiten getragen. Das steht in der Bibel, und das glaube ich. Und ich würde mich in Notsituationen immer im Gottvertrauen an allererster Stelle an Ihn wenden. Aber ich habe gemerkt, ich selbst bin auch gefragt, dabei mitzuwirken. Ich muss diejenigen anfragen, die Gott mir in dieser Phase als Helfer zur Seite gestellt hat, nämlich die Ärzte. Ich habe sehr, sehr gute Ärzte gehabt, die mich hervorragend beraten und versorgt haben. Ohne ihre Hilfe wäre es bei dieser zweiten schweren Krebserkrankung wahrscheinlich nicht gut gegangen. Insofern denke ich heute, dass man Gott und die Schulmedizin nicht gegeneinander ausspielen darf, sondern im Gottvertrauen unterwegs sein muss und auch danken für das, was er uns durch die Ärzte Gutes tut.

In dieser Zeit habe ich eine Gelassenheit gelernt, die über dieses Leben hinausgeht. Ich bin seit zehn Jahren krebsfrei, aber trotzdem muss mein Körper ja irgendwann mal sterben. Also geht es nicht darum, hier auf der Erde um jeden Preis gesund zu sein. Durch Jesus Christus weiß ich, dass ich die Ewigkeit bei meinem Vater im Himmel verbringen darf. Und da gibt es dann auch keine Krankheiten mehr.

Ich hatte also zum Ende der dritten Reha im Frühjahr 2014 kurz vor meinem 60. Geburtstag eingewilligt, als arbeitsunfähig entlassen zu werden. Das war nicht so einfach für mich. In meinem Denken war damit das Leben irgendwie vorbei, wenn ich nicht mehr arbeiten gehen kann. Das war schwierig, aber viele Leute haben mir zugeraten und ich habe auch eingesehen, dass ich trotzdem gut versorgt bin und nicht mehr arbeiten muss. Aber ich schreibe es noch einmal: Zuhause sitzen und Däumchen drehen war eigentlich nie mein Ding. Und es kam auch nicht so, wie es mir meine Ängste weismachen wollten. Es wurde nämlich gar nicht langweilig …

Ich war damals knapp sechzig Jahre alt, hatte eine Erwerbsminderungsrente zuerkannt bekommen und somit war zusammen mit dem Anspruch auf Altersentschädigung vom Thüringer Landtag ein gutes Auskommen in Aussicht.

Mein Freund Jürgen Lehmann sagte mir zur Frage des Ausscheidens aus dem Beruf und meiner frühzeitigen Pensionierung ganz deutlich: „Setz dich an den gedeckten Tisch, den Gott selbst Dir gedeckt hat und versündige dich nicht gegen den Heiligen Geist." Er hatte wohl einfach wieder mal recht.

Mein Eintritt in den Austritt aus dem Arbeitsleben war dann meine 60. Geburtstagsfeier, wo über 100 Leute aus ganz Deutschland kamen – Freunde, Familie, Politiker, Sportfreunde, Minister und meine nach 45 Jahren wiedererweckte Band Pulsare. Es war ein Fest, ein wirkliches Fest. Ich konnte sehen und spüren, wie gesegnet ich all die Jahre war – gesegnet mit wunderbaren Beziehungen zu wunderbaren Menschen. Gott lebt in Beziehungen. Und ich bin so dankbar dafür.

ZWISCHENWORTE

Jürgen Lehmann: Erschütterung

„Eine starke Erschütterung, auch seines Glaubenslebens, erfuhr Helmut bei der zweiten Diagnose Melanom, jetzt am linken Oberarm. Diesmal verlief seine Heilung als Prozess und Helmut ist Jesus treu geblieben und seinen Weg mit IHM weitergegangen und er hat dabei immer seinen Glauben an Jesus Christus bezeugt und ist dadurch für viele zum Segen geworden und durfte auch einige Menschen zu Jesus führen. Das ist übrigens so eine hervorstechende Eigenschaft von Helmut, dass er immer und mutig Jesus Christus bezeugt, unabhängig vom sozialen Status seines Gegenübers. Dabei ist er natürlich oftmals auch auf Unverständnis, Ablehnung und Spott

gestoßen. Inzwischen ist mir Helmut, besonders was seinen Bekennermut betrifft, ein Stück Vorbild geworden, was mich aber auch mit Stolz erfüllt.

So wie ich Helmut kennengelernt habe, ist er ein Mann der:

- tief verwurzelt und gegründet ist im Glauben an Jesus Christus
- seinen Glauben fröhlich lebt, bekennt und dabei das Leben genießt
- sich einen kindlichen Glauben bewahrt hat
- sich von Herzen freuen kann, besonders über Gebetserhörungen
- ein hingebungsvoller Beter ist
- andere gern ehrt und erhebt
- dankbar ist
- von Gott gebraucht wird, um Verbindungen herzustellen, die eigentlich unmöglich erscheinen (Brückenbauer)
- die Gemeinschaft liebt
- ein Vater für junge Geschwister im Glauben wurde und das lebt
- der Gehorsam gelernt hat
- mit seiner Persönlichkeit ein großer Ermutiger ist
- auch mal im Hintergrund bleiben kann
- großzügig ist und gibt.

Sehr bemerkenswert finde ich bei Helmut, wie er im großen Vertrauen auf die Treue unseres Herrn seinen „Abrahamsweg" nach Alexandria gegangen ist, um dort als Kulturbotschafter Thüringens bei der Anna-Lindh-Stiftung tätig zu sein und sich dabei auch immer nach den Weisungen Gottes ausgestreckt hat. Dabei konnte er erfahren, dass unser Vater im Himmel auch in solchen extrem herausfordernden und ungewissen und zum Teil gefährlichen Situationen sein Beschützer und Versorger für ihn persönlich und seine ganze Familie ist und bleibt.

Und das will Gott durch Jesus Christus von jedem von uns sein, egal wie unser Lebensweg verläuft und aussieht."

22. Sprecher und der ERF

Es war in Paris im Herbst 2012, als ich mit meinem Freund Thomas unsere damalige Kollegin und Freundin Renate in ihrer Pariser Wohnung in der Nähe des „Arc de Triumph" besuchte. Wie sie nach Paris kam und was ich damit zu tun hatte, erzählt sie selbst:

ZWISCHENWORTE

Renate von Boddien: Mein Glaubensbruder Helmut

„Die folgende kleine Geschichte ist ein Beispiel dafür, wie Helmut mir geholfen hat, Gottes Führung zu erkennen:

2008 bot mir das Bundesentwicklungsministerium einen Auslandseinsatz an der Deutschen Ständigen Vertretung bei der OECD in Paris an und gab mir eine Woche Zeit für meine Entscheidung. Ich recherchierte auf der weltlichen Ebene zu meinem künftigen Aufgabengebiet und zu den Lebensumständen in Paris. Gleichzeitig bat ich Gott hierzu um seine Führung. Ich wollte den Posten in Paris nur antreten, wenn ich seine Führung klar erkennen kann. Hierfür bat ich Helmut um Gebetsunterstützung. Er betete sodann mit seinem Freund Jürgen Lehmann um Erkenntnis der Wegführung Gottes für mich. Sie empfingen den Eindruck, dass ich am Samstag fasten sollte und Gott mir am Sonntag Klarheit schenken und ich darüber Frieden finden würde.

Und genau so geschah es. Ich fastete am Samstag und Gott schenkte mir am Sonntag durch mehrere Zeichen Klarheit, dass ich den Posten in Paris annehmen soll. Und obwohl dies Ergebnis für mich überraschend war fand ich erstaunlicherweise Frieden darüber. Im Vertrauen auf Gottes Führung habe ich meinem Ministerium dann am nächsten Tag meine positive Entscheidung für Paris mitgeteilt. In den nächsten Monaten habe ich vielfälti-

ge Hilfe beim Umzug und sogar ein Wunder erlebt. Dies war für mich eine Bestätigung Gottes, dass ich auf dem richtigen Weg bin.

Beeindruckend fand ich, dass dies genau dem Weg zur Klärung von Gottes Willen entsprach, den Helmut und Jürgen Lehmann im Gebet für mich empfangen hatten. Ich bin sehr dankbar dafür, dass Helmut mich als Glaubensbruder in dieser Weise auf meinem Lebensweg begleitet und unterstützt."

So landete Renate also in Paris und wir besuchten sie dort. Schon früh am Morgen beim Decken des Tisches zum gemeinsamen Frühstück fiel mir auf, dass Renate dabei mit ihrem Laptop durch die Wohnung lief mit Kopfhörern im Ohr.

Eigenartig und befremdlich! Ich wunderte mich sehr darüber. Ich fragte sie deshalb, ob sie so viel zu tun habe in ihrem neuen Job in Paris, dass sie so früh - noch vor dem Frühstück - zu Hause ihrer Arbeit nachgehen müsse! Sie tat mir echt leid!

Renate lachte laut und herzlich über meine besorgte Frage und antwortete mir verständnis- und liebevoll: „Ja, lieber Helmut, ich habe eine sehr große Verantwortung übernommen in der Internationalen Institution, wo ich auch wirklich sehr viel Arbeit habe! Damit ich diese aber schaffe, höre ich jeden Morgen meinen Lieblingsradiosender, den ERF auf meinem Laptop! Die christlichen Sendungen geben mir Zuspruch und Ermutigung, Kraft und inneren Frieden! Ich kann Dir nur empfehlen, den ERF auch zu hören!"

Damals kannte ich den ERF noch nicht einmal vom Hörensagen, geschweige denn, dass ich den ERF in Deutschland hörte.

Nun hatte eine Redaktionsleiterin vom ERF, Simone Nickel, eine Kollegin in Paris und diese traf sich dort mit Renate von Boddien. In ihrem Gespräch sind sie irgendwie beim Thema Heilung auch auf mich zu sprechen gekommen und das wäre doch eine Geschichte, die den ERF interessieren könnte. Und so bekam ich einen entsprechenden Anruf und hatte mich am Telefon sofort gut mit Simone Nickel verstanden. Ich hatte auch gleich zugesagt, nach Wetzlar zu kommen, ohne dass ich wusste, wo das liegt. Naja, es sind aber nur 200 km und damit gut zwei Stunden Autofahrt von Gotha.

Am 8. Mai 2013 war ich dann tatsächlich beim ERF in Wetzlar. Simone Nickel hat dort mit mir das Interview für ihre Sendung „Glaube – erlebt, gelebt" aufgenommen.

Nach dem Interview lud sie mich zum Mittagessen in die Kantine des ERF ein. Etwas abseits an einem extra Tisch saß Udo Vach auch beim Mittagessen. Er leitete die Arbeitsgruppe der Evangeliums-Radioverkündiger von „Bibel heute". Simone Nickel machte mich mit ihm bekannt, nachdem wir uns an seinen Tisch gesetzt hatten. Ich wusste nicht, wer das war, denn ich hatte seinen Namen nie gehört.

Nachdem ich vorgestellt wurde und irgendetwas zu ihm gesagt hatte, meinte er: „Herr Rieth, halten Sie mal kurz inne. Sprechen Sie mir die drei Sätze nach…" Ich hatte keine Ahnung, was der Mann von mir wollte. Ich weiß auch nicht mehr, welche drei Sätze das waren. Aber es war eine Begegnung der besonderen Art. Ich bekam Herzklopfen kostenlos und spürte, dass etwas passiert und wir irgendwie verbunden wurden.

Er sah mich an und sagte: „Herr Rieth, Sie haben eine phänomenale Radiostimme. Wären Sie bereit, bei unserem Evangeliumsradio als Verkündiger mitzuarbeiten?" Da wurde wieder einmal nach meiner Bereitschaft gefragt, wie damals bei Traugott Schoefthaler. Gott interessiert unsere Herzenshaltung, Er erwartet sie auch irgendwie von uns, diese Bereitschaft, auch auf Unmögliches zu reagieren. Dann kann Gott durch uns handeln und Großes bewirken. Also äußerte ich mich positiv zu meiner Bereitschaft, gab aber zu bedenken, dass ich kein studierter Theologe sei. „Das wäre umso besser!" freute sich Udo Vach.

Meine erste Ansprache bei „Bibel heute" war dann sehr aufregend. Die

Themen werden jeweils zugelost und dann reicht man seinen Text, seine Auslegung dazu, schriftlich ein. Das wird noch einmal überarbeitet, meistens gekürzt, und so liest man es dann vor. Ich sollte das Hohe Lied der Liebe aus 1. Kor 13 auslegen. Als ich meinem Freund Jürgen Lehmann davon berichtete, klopfte er mir auf die Schulter und sagte: „Na das ist doch eine leichte Übung für Dich. Dein Thema ist doch die Liebe. Gott ist Liebe. Und wer in der Liebe bleibt, der bleibt in Gott und Gott bleibt in ihm. Das ist ja auch euer Trauspruch. Du hast doch inzwischen so viel Bande der Liebe durch Jesu Liebe verbunden, da weißt Du doch genau, wovon Du sprichst!"

Gott hat mir da wieder eine neue Tür aufgetan und es ist einfach herrlich! Was für eine großartige göttliche Führung und Fügung! Denn heute sind Renate und ich als Evangeliums-Radio-Verkündiger in der ERF Sendung „BIBEL heute" und als ERF-Botschafter ehrenamtlich für den ERF mit wachsender Begeisterung tätig!

ZWISCHENWORTE

Renate von Boddien: Gospelsänger Helmut

„Helmut hatte mir immer wieder begeistert von der Evangelischen Allianzkonferenz im Sommer im thüringischen Bad Blankenburg berichtet. Ich hatte ihm wiederum begeistert von den Gospelworkshops mit Darius Rossol im Haus der Stille in Friedrichroda erzählt. Daraufhin vereinbarten wir, dass wir Beides einmal ausprobieren. Wir waren jeweils so davon begeistert, dass wir einige Jahre lang gemeinsam am Gospelworkshop und bis heute jährlich an der Allianzkonferenz teilnehmen. Die Vorträge auf biblischer Basis, die Workshops und schönen Konzerte sind inspirierend und glaubensstärkend. Hinzu kommen gute Gespräche mit anderen Christen am Rande der Konferenz sowie das Angebot zur Seelsorge, das wir *gerne nutzen.*

Es gäbe noch Vieles zu berichten. Mich beeindruckt bei Helmut unter anderem auch, wie freimütig und glaubwürdig er, auch gegenüber fremden Menschen, Zeugnis von seinen Gotteserfahrungen und seinem Glauben geben kann. Auf diese Weise hat er schon Vielen geholfen, zu einer lebendigen Beziehung zu Gott und zum Glauben zu finden. Ich staune auch immer wieder darüber, wie er „online" lebt, d.h. dass er im Geist wachsam und offen ist, um auf Gottes Stimme, auf seine Führung zu hören. Teils empfängt er dabei Eindrücke, Bilder oder Erkenntnisse für sich selbst, teils auch für Andere. Ich durfte davon auch schon profitieren und bin sehr dankbar dafür.

Helmut empfängt Gottes Botschaften teils auch nachts. Dann weckt Gott ihn auf und gibt ihm konkrete Anweisungen, was er tun soll. Und er weiß, dass er mit der Umsetzung der Anweisungen dann ggfs. sofort beginnen muss. Wenn Helmut mit Problemen zu kämpfen hat, empfangen manchmal Andere, teils auch ich, Worte der Ermutigung oder der Erkenntnis von Gott für ihn. In solchen Situationen brauchen wir oft Glaubensgeschwister, die uns an die Verheißungen oder Worte Gottes aus der Bibel erinnern oder uns zusagen. Dann können wir sie neu im Glauben ergreifen. Das ist das Wunderbare an der gegenseitigen Begleitung auf dem Glaubensweg.

Welch eine Freude, Gnade und kostbares Geschenk, dass Gott Helmut und mich einander geschwisterlich zur Seite gestellt hat. Dafür bin ich sehr dankbar. Denn es hilft mir, im Glauben zu wachsen oder zumindest daran festzuhalten, wenn es hart auf hart kommt."

Gott nahe zu sein ist mein Glück.

Psalm 73,28

Bildquelle: kleines Kunstwerk von Helmut Rieth (privat)

23. Jüngerschaft und meine Söhne im Geist Jesu

Ja, so wie es Renate am Ende des vorigen Kapitels beschrieben hat, ist es einerseits ein wunderbares Gefühl, aber andererseits auch unsere Aufgabe, uns gegenseitig zu erbauen, zu ermutigen und dadurch im Glauben zu wachsen.

Jesus zu folgen bedeutet, Ihm hinterherzugehen und Ihm immer ähnlicher zu werden.

„Denn welche der Geist Gottes treibt, die sind Gottes Kinder." (Gal 3,26)

Ich bin geistlich gesehen selbst ein Sohn Gottes und so darf ich nun mit Gottes Hilfe durch geistliche Vaterschaft Menschen in die Jüngerschaft zu Jesus führen. Das gehört am Ende meines irdischen Lebens zum Beginn meines ewigen Lebens bei Gott und ich bin froh und dankbar über diese Berufung, wie es auch in Joh 13, 34 und 35 geschrieben steht:

„Ein neues Gebot gebe ich euch, dass ihr euch untereinander liebet, wie ich euch geliebt habe, auf dass auch ihr einander liebhabet. Dabei wird jedermann erkennen, dass ihr meine Jünger seid, so ihr Liebe untereinander habt."

Gott ist die Liebe und verbindet uns mehr oder weniger – je nachdem, wie wir uns darauf einlassen. Die Kraft Gottes ist in Seiner Liebe.

Nachfolge Jesu bedeutet, dass Er durch uns wirken will und kann. Und so war mein Treffen mit Amr im Februar 2000 nach meiner ersten und erleuchtenden Mosesberg-Besteigung absolut kein Zufall. Ich lernte durch ihn das Land Ägypten und seine Menschen kennen und er lernte durch mich Jesus erkennen. Er kannte Ihn aus dem Koran als Propheten, aber wusste nicht, dass Jesus der lebendige Gott ist. Ich konnte Amr in die Jüngerschaft mit Jesus führen, denn es sollte so sein. Und so wurde er auf eigene Bitte hin zu meinem ersten Sohn im Geist Jesu.

Dadurch habe ich verstanden, dass diese Jüngerschaft, das Heranbilden von jungen Menschen zu Jüngern Jesu eine ganz vornehme Aufgabe – meine Aufgabe und auch meine Begabung ist. Es machte mir sehr viel Freude und Spaß und so sammelte ich fast zufällig nach und nach über die Jahre bisher sechszehn Söhne im Geist Jesu. Diese jungen Menschen kamen in mein Leben, nein sie wurden in mein Leben geschickt! Sie kreuzten meinen Weg in ungeahnter, aber sicherlich vorherbestimmter Weise. So etwas kann man sich nicht ausdenken, denn der Herr hat es geplant und so geführt. Ich durfte erst selbst das Gegenüber dieser jungen Leute sein, aber dann eben auch die Brücke zu Jesus bauen, der uns nun mit Seiner Liebe verbindet. Eigentlich sind es Doppelbrücken: nämlich Brücken zu Jesus und zwischen unseren Herzen. Im letzten Satz des Alten Testamentes steht geschrieben;

„Und er wird das Herz der Väter zu den Kindern, und das Herz der Kinder zu ihren Vätern wenden, auf dass ich nicht komme und das Land mit dem Banne schlage." (Maleachi 3,24 Elberfelder)

Diese Herzensverbindung zwischen Generationen wird durch die Liebe Jesu ermöglicht, weil Er es möglich macht. Christoph Häselbarth hat zur geistlichen Vaterschaft geschrieben: „Wenn Väter in ihre Söhne und Töchter Zeit, Liebe, Wertschätzung und Anleitung zur Gottesbeziehung säen, werden sie selbst und wird unser Land eine unvorstellbare reiche Ernte einbringen. Wenn wir die Vaterliebe Gottes durch uns zu unseren Kindern fließen lassen, entsteht Frucht, die Ewigkeitswert hat." (Quelle: Umschlagseite des Buches „Geistliche Vaterschaft" von Bayless Conley)

Ich will nun beschreiben, wie ich weitere Söhne im Geist Jesu kennenlernen durfte. Keinen einzigen habe ich mir absichtlich rausgesucht, sondern sie sind zu mir geführt worden. Immer war deutlich Gottes Auftrag zur geistlichen Vaterschaft dabei zu spüren, verpackt in und mit Gottes Liebe. Einige sind im hinteren Innen-Cover abgebildet. Wie in meinem gesamten Buch gehe ich auch hier chronologisch vor.

Der erste Sohn im Geist Jesu war Amr aus Ägypten – der erste Muslim, mit dem ich näher zu tun hatte. Ich war selbst überrascht davon. Ich hatte bereits beschrieben, wie ich ihn im Jahre 2000 bei meinem ersten Ägyptenbesuch nach dem Abstieg vom Mosesberg getroffen hatte und was sich daraufhin alles entwickelte. Auch über Olaf Deussen aus Bad Homburg hatte ich bereits geschrieben, der mir 2006 die ersten 6 Wochen in Alexandria voller göttlicher Liebe tatkräftig, lehrend und umsorgend zur Seite stand.

Ein paar Beispiele der liebevollen Beziehungen zwischen meinen Söhnen im Geist Jesu und mir erzählt Mihnea Onofrei aus Rumänien selbst. Er kam 2010 nach Gotha und ist mit der Zeit meine rechte Hand geworden. Ich bezeichne ihn gern als meinen Timotheus, der ja in der Bibel oft als der engste Mitarbeiter des Apostel Paulus erwähnt wird. Paulus selbst bezeichnete Timotheus sogar als „echten Sohn durch den Glauben". Zwischen ihnen war auch eine ganz enge Herzensverbindung und ein tiefes, gegenseitiges Vertrauen. Ich bin fasziniert, wie sich das zwischen Mihnea und mir mit Gottes Hilfe so wunderbar entwickeln konnte.

ZWISCHENWORTE

Mihnea Onofrei: Mein geistlicher Vater Helmut

"Gott lebt in Beziehungen". Diese markante Aussage habe ich sehr oft von meinem lieben Bruder und Freund Helmut Rieth gehört. Und da ist etwas Wahres dran. Ich bin sehr dankbar für unsere freundschaftliche und brüderliche Beziehung, die schon viele Jahre zurückgeht. Wir durften immer wieder gemeinsam Gottes Liebe, Wirken und Seine Fülle erleben. Helmut ist für mich ein sehr inspirierender Freund und wenn man mit ihm unterwegs ist, dann erlebt man vieles und darf auch vieles lernen. Man könnte sicherlich allein über all die gemeinsamen Erlebnisse und Reisen der letzten Jahre ein Buch schreiben, aber ich möchte mich in meinen Zwischenworten

auf insgesamt fünf Prinzipien beschränken, die ich im Laufe der Jahre von Helmut lernen durfte.

Aber erst einmal dazu, wie wir uns überhaupt kennengelernt haben. Geboren und aufgewachsen in Bukarest, der Hauptstadt Rumäniens, nutzte ich im Jahre 2010 die Chance, im Alter von dreizehn Jahren die Schule in Deutschland fortzuführen. Mein Vater arbeitete schon mehrere Jahre in Gotha und schließlich zog ich mit meiner Mutter nach. Es war kein einfacher Weg am Anfang, aber ich durfte Gottes Gnade in so reichem Maß erfahren, so dass ich nach nun mehr als zwölf Jahren in Deutschland sagen kann, dass ich hier eine Heimat gefunden habe.

Bild: Mihnea Onofrei (Bildquelle privat)

Da ich christlich aufgewachsen bin, fingen meine Eltern und ich an, in die Evangelisch- Freikirchliche Gemeinde in Gotha zu gehen. Diese Gemeinde ist auch meine geistliche Heimat geworden. Eine besondere Tradition hier ist, dass jeden Sonntag Zeugnisse geteilt werden. Das bedeutet, wer etwas mit Gott erlebt hat, der darf das zur Ermutigung aller weitergeben und erzählen. Wenn ich mich daran erinnere, wie ich Helmut anfangs erlebte, dann habe ich buchstäblich vor Augen, wie er oft vor der Gemeinde Zeugnis vom Wirken Gottes in seinem Leben gab.

Wir lernten uns später dann auch persönlich kennen und es folgten sehr viele gemeinsame Erlebnisse, wie die Awakening Fire Konferenz 2016 in Tübingen, die Awakening Europe Konferenz 2017 in Prag, die Teilnahme an dem Marsch der Nationen 2018 in Jerusalem mit anschließender Tour an Orte der besonderen Gegenwart Gottes in Israel, die Awakening Europe Konferenz 2019 in Wien sowie die gemeinsame Woche in Sharm El-Sheikh, Ägypten mit dem Aufstieg auf den Mosesberg als Höhepunkt, um nur einige davon zu nennen. Es sind unvergessliche Erlebnisse, die mich persönlich sehr stark geprägt haben und ich bin zutiefst dankbar, dass ich diese Erfahrungen mit Helmut und auch weiteren lieben Freunden, die mir sehr nahestehen, machen durfte. Geteilte Freude ist doppelte Freude. Wie bereits erwähnt, durfte ich vieles in den letzten Jahren von Helmut lernen und fünf kurze Punkte möchte ich auch hier wiedergeben:

Psalm 34,2: Ich will den HERRN preisen zu aller Zeit, immer soll sein Lob auf meinen Lippen sein. Noch bevor ich Helmut persönlich kennengelernt habe, hat es mich sehr inspiriert und beeindruckt, wie er teilweise Woche für Woche vor der ganzen Gemeinde stand, um Gott die Ehre für das zu geben, was Gott gerade in seinem Leben tat. Man würde denken, das war die Zeit, in der er große Erfolge und Durchbrüche feierte und das mit der Gemeinde teilen wollte. Tatsächlich war es aber eine sehr schwierige Zeit, in der Schwarzer Hautkrebs bei Helmut zum zweiten Mal diagnostiziert wurde. Und trotzdem ließ er sich nicht von den Umständen niederdrücken, sondern gab Gott mitten in dieser Situation die Ehre. „Gott schreibt auch auf krummen Lebenszeilen gerade" - das ist eine Aussage, die ich oft von Helmut gehört habe, die für jeden Menschen so treffend ist, der mit Gott lebt. Im Leben werden wir vielen Herausforderungen begegnen, manchmal auch durch „finstere Täler" gehen und wir werden auch nicht immer alles verstehen. Aber das Entscheidende ist, dass Gott mit uns geht und dafür können wir Ihm nicht genug danken und die Ehre geben.

Kolosser 3,14: „Vor allem aber bekleidet euch mit der Liebe; sie ist das Band, das euch zu einer vollkommenen Einheit zusammenschließt." Helmuts Berufung als Brückenbauer hat immer wieder zu Begegnungen geführt, aus denen oft auch tiefe Freundschaften entstanden sind. Egal wo ich unterwegs war mit Helmut, egal wie voll das Programm war, hat er sich Zeit für den Einzelnen genommen, ist immer wieder auch auf neue Menschen mit seiner Offenheit zugegangen. Immer wieder sind in Helmuts

Leben aus kleinen Begegnungen wunderbare Sachen entstanden und gewachsen. „Gott lebt in Beziehungen" - das ist wahrscheinlich der Satz, den ich am meisten von Helmut gehört habe und das liegt daran, dass es auch seine eigene Berufung so gut auf den Punkt bringt. Im Leben sind wir keine Einzelkämpfer und keine Einzelgänger, sondern Gott hat uns auch für die Gemeinschaft mit Ihm aber auch miteinander geschaffen. Das ist auch die Kirche: ein Leib, aber viele sehr verschiedene Glieder. Wir sollen einander lieben und diese Gemeinschaft pflegen, darum geht es letztendlich bei allem, was wir in Gottes Reich tun. Helmut hat mich inspiriert, einerseits Menschen zusammenzubringen und andererseits sich immer wieder selbst in einem stressigen Alltag Zeit für den Einen oder die Eine zu nehmen."

Und genauso können aus Brückenbauerkindern selbst wieder Brückenbauer werden. Das sind die Dimensionen, die wir in der geistlichen Vaterschaft weitergeben können. Und doch bleibt es nicht bei dieser Einbahnstraße. Denn die Liebe Gottes unter und zwischen uns verteilt sich in beide, in alle Richtungen und verbindet Herzen.

Julien Schmidt lernte ich 2010 kennen. Er war mit Mihnea in der Jugendgruppe unserer Gemeinde und alle zusammen nahmen wir an Erweckungskonferenzen in Tübingen, Prag und Wien teil. Julien war auch mit mir und einer Gruppe in Jerusalem. Er will Richter werden und studiert jetzt deshalb Jura in Leipzig. Jürgen Lehmann äußerte einmal seinen Eindruck, dass er Julien als zukünftigen Richter sieht. Das war eine gute Wegweisung für ihn.

Julien und Mihnea sind inzwischen beste Freunde. Und die gemeinsamen Reisen haben uns noch näher zusammengebracht. Die jungen Leute sind dabei so liebevoll untereinander und vor allem auch mit mir umgegangen, dass ich nur staunen konnte. Der Altersunterschied von fast vierzig Jahren spielte überhaupt keine Rolle, dass es auch für mich einfach herrlich war. Das ist auch die Dynamik und der Auftrag einer christlichen Gruppe, die Liebe Gottes fließen zu lassen – und zwar zwischen den Gruppenmitgliedern, den Brüdern und Schwestern, aber auch nach außen hin, damit es in der Welt sichtbar wird.

Mihnea hat oft die Reisen geplant, was ich selbst wohl gar nicht so gekonnt hätte. Die großen Konferenzen wie zum Beispiel in Wien mit 12000 Menschen sind schon auch wegen der Menschenmassen inspirierend. Wenn Gottes Liebe in die Herzen der Menschen ausgegossen wird und ganz viele solcher Menschen zusammenkommen, dann muss ja logischerweise eine solche Menge an Gottes Liebe sein, dass sie jeden überwältigen muss! Und so erklärte ich meiner Gruppe: Wir sind Gotteskinder, wir sind Königskinder, denn Jesus ist der König der Könige. Wir sind Prinzen und Prinzessinnen. Und um das zu verdeutlichen, sind wir wie Prinzen und Prinzessinnen in zwei Pferdekutschen, den Wiener Fiakern, durch Wien und an der Hofburg entlang gefahren.

Mihnea hatte ein Appartement in einer Wiener Stadtvilla gemietet, so dass wir alle acht in einer Wohnung waren und eine wunderbare, gemeinsame Zeit hatten. Ich freue mich immer wieder, wie liebe- und respektvoll innerhalb der Gruppe miteinander umgegangen wird.

Alexander und Benjamin kenne ich näher seit 2012. Es sind die Söhne eines ganz treuen Bruders, Beters und Mitgliedes unserer Gemeinde, Reiner Zink, der sich kurz vor mir hatte taufen lassen. Die Söhne waren noch nicht gläubig. Der Ältere Alexander hatte seine Ausbildung im Landratsamt Gotha gemacht und sehr erfolgreich abgeschlossen. In einem Hauskreis hatte uns Reiner erzählt, dass sein Sohn Alexander nicht übernommen wird, obwohl er einer der Besten in der Ausbildung war. Auf der Nachhausefahrt schilderte mir Reiner das noch etwas ausführlicher und wir hatten beide den Eindruck, an Ort und Stelle für Alexander zu beten, dass Gott ihm eine Tür aufmacht.

Zwei Tage später hatte ich einen Termin im Landratsamt. Wie zufällig kam mir der gut bekannte und befreundete Personalrat entgegen und ich habe ihn spontan nach dem Namen Alexander Zink gefragt. Er antwortete: „Ja, der sei ihm bekannt, der hat seine Ausbildung hervorragend abgeschlossen." „Ach, mit ganz tollem Abschluss," sagte ich und fragte einfach: „und warum habt ihr ihn nicht übernommen, wenn er so gut ist?" Darauf hatte er keine Antwort, wollte es aber prüfen. Drei Tage später bekam Alexander eine Einladung zum Bewerbungsgespräch und wurde eingestellt. Inzwischen ist er Leiter des Amtes für Ordnung und Sicherheit im LRA Gotha. Es sieht so aus, als konnte ich da anstoßen, eine Brücke zu bauen. Gott schreibt auch auf krummen Zeilen gerade.

Anton habe ich 2013 in der Gothaer Schwimmhalle kennengelernt. Er war dort ehrenamtlich aktiv als Rettungsschwimmer für den Behindertensportverein und stammte aus einem atheistischen Elternhaus. Irgendwann hatte ich das Gefühl, mich mal mit ihm unterhalten zu sollen. Nach meinen Devisen „Hören und Handeln im Geist" und „Nichts auf die lange Bank schieben" habe ich mich neben ihn gesetzt und ihn angesprochen. Anton war zu dem Zeitpunkt Abiturient, sympathisch zurückhaltend und irgendwie sehnsuchtsvoll. Er kannte mich als Wacker 07-Präsident und war etwas erschrocken, wie ich mich denn einfach so zu ihm setzte. Er war etwas verunsichert, schaute mich nicht richtig an, aber ich spürte, dass er die ganze Zeit auf meine Kreuz-Kette blickte. Er sagte: „Ich weiß, dass das ein Kreuz ist, aber was ist denn da drauf?" So hatte ich Gelegenheit, ihm von Jesus zu erzählen. Es war ein Weg über Jahre hinweg. Ich schenkte ihm eine Bibel, die er inzwischen schon zweimal gelesen hat. Schließlich hat er sich taufen lassen und zwei Jahre später die Pastorentochter Lydia geheiratet. Bei dieser Hochzeit der beiden Studenten durfte ich mit meiner Frau Bärbel dabei sein. Wir erinnerten uns dabei sehr an die Anfänge unserer Liebe in unserer Studentenstadt Jena über vierzig Jahre zuvor.

Jakob Fiedler aus Bad Blankenburg habe ich 2013 auf dem „Gebetstag für Thüringen" in Erfurt als begnadeten Lobpreiser kennengelernt. Auf der Evangelischen Allianzkonferenz in Bad Blankenburg hatte ich ihn mehrfach jährlich wiedergesehen als ehrenamtlichen Mitarbeiter des Jugendteams. Danach unterstützte ich ihn ein Jahr bei einer Bibelschule auf Hawaii. Jakob kam direkt nach dem Abschluss seiner Bibelschule aus Hawaii am 14. Juni 2014 zur Feier anlässlich meines 60. Geburtstages in das Gothaer „Quality-Hotel" und spielte mir und meinen über 100 Gästen ein unvergesslich schönes Geburtstagsständchen auf seiner Jokolele. Alle haben gejubelt. Heute studiert Jakob in Zürich Architektur und Bauwesen. Auch ihn habe ich sehr von Herzen lieb gewonnen.

Jakobs Mutter Anne Fiedler arbeitet im Allianzhaus in Bad Blankenburg und hatte mich als ehemaligen Politiker mal zu einem Antiochia-Gebet eingeladen. Dieses wiederum hatte Bernd Oettinghaus aus Frankfurt geleitet. Er hat zum Beispiel die Initiativgruppe „Wunder der Deutschen Einheit in Freiheit" mitgegründet, aus der sich dann die Singebewegung „Deutschland singt und klingt" (an inzwischen 200 Orten) entwickelte. Und so vernetzt mich Gott immer weiter, es ist einfach wunderbar. Auf diese Art und Weise kam ich auch überhaupt zum Allianzhaus und bin nun jährlich dort, oft mit meiner Glaubensschwester Renate von Boddien.

Ich will hier mit der Geschichte von Qemal Lisaj etwas ausführlicher beschreiben, wie so eine besondere, geistgeführte Beziehung entstehen kann, wenn man nur Gott machen lässt im Sinne von Hören und Handeln im Geist:

Qemal wurde 1995 in Albanien geboren. Über fünfzig Jahre zuvor begann eine Familienfehde, als ein neunjähriger Junge getötet wurde. Qemals früherer Verwandter rächte sich und wurde als Mörder zu einer Gefängnisstrafe verurteilt. Doch als jüngster Sohn seiner Familie war Qemals Leben wegen Blutrache durch die Opferfamilie bedroht. Mit sechs Jahren bekam er von einem fremden Mann auf der Straße gesagt, dass er nicht mehr lange zu leben hat. So musste er schon als Kind ständig von einem Bodyguard bewacht werden. Als Erstklässler erschien es ihm einige Zeit cool, mit einem eigenen Fahrer und Bodyguard in die Schule zu kommen, aber es war doch todernst. Außer zur Schule durfte er eigentlich gar nicht mehr raus aus dem Haus. Er merkte langsam, dass sein Leben nicht so schön ist, nicht sehr abenteuerlich, nur bedroht.

Mit fünfzehn Jahren, anfangs seiner neunten Klasse, versuchte er zum ersten Mal, von seinem Bodyguard wegzukommen, denn Qemal wollte auch mal mit Freunden was machen, nicht so abgeschottet sein.

So gingen sie zu viert in eine Cafeteria. Sie bestellten Kaffee, setzten sich an einen Tisch. Dann kam ein Motorrad angefahren. Der Sozius stieg ab, ging ohne den Helm abzusetzen auf den Tisch mit den vier Freunden zu und fragte, wer Qemal ist. Er meldete sich und schon versuchte der Angreifer, ihm eine Kanne heißen Wassers ins Gesicht zu schütten. Da seine Freunde aufmerksam waren, hatte es ihn nur ein wenig an dem linken Arm getroffen. Nach diesem zum Glück missglückten Anschlag hatte die Familie entschieden, Qemal erst einmal einige Zeit zu Verwandten nach Griechenland zu schicken.

Ich hatte ohne jegliche Kenntnisse dieser ganzen Blutrache-Geschichte um Qemal am 22.12.2014 einen Traum, einen sehr intensiven Traum. Ich sah im Traum den Eingang unserer Evangelisch-Freikirchlichen Gemeinde (EFG) in Gotha. Und ich hörte, wie jemand von außen an dieses Holztor ganz lautstark klopfte, ja eher hämmerte mit der dringenden Bitte nach Einlass. Es war so laut, dass ich davon munter wurde. Ich konnte den Traum nicht einordnen. So ging ich in mein Arbeitszimmer und las - zwei Tage vor dem Heiligen Abend - die Weihnachtsgeschichte. Es ist die Geschichte der Herbergssuche von Maria und Josef. Ich hatte ganz stark den Eindruck, dass eine Familie auf der Suche nach einer Herberge ist und um Aufnahme bitten wird - hier in unserer Gothaer Gemeinde.

Da es mir so eindrücklich war, schilderte ich meinen Traum der Gemeindeleitung. Nach einiger Zeit und einigen Gebeten wurde man sich Ende Januar 2015 einig, nicht mehrere einzelne Flüchtlinge in den Gemeinderäumen unterzubringen, sondern eine Familie aufzunehmen, wenn denn eine Familie anklopft und um Aufnahme bitten würde. Es waren zwar schon einige wenige Flüchtlinge unterwegs, aber es war noch lange nicht der große Flüchtlingsstrom, der später im Jahr 2015 kommen sollte.

Um nun von der Blutrache und diesem Hass wegzukommen und ohne Angst leben zu können, floh schließlich die ganze Familie Lisaj aus Albanien. Sie hatten gehört, dass Belgien, Frankreich und Deutschland Flüchtlinge aufnehmen. Qemal war es völlig egal, wo es hingeht – Hauptsache weg von Albanien und der Blutrache.

Die ganze Familie packte ihre Sachen und ging genau am 22.12.2014 – am Tag meines Traumes – auf die Straße und fragte einfach Busfahrer, ob diese sie in eines der drei Länder mitnehmen können. Was für ein göttliches Timing!

Nachdem sie am 23. Dezember 2014 erst in Dortmund ankamen, später im Aufnahmelager in Suhl waren, kam am 11. Februar 2015 der Anruf, ob unsere Gemeinde eine Familie aus Albanien aufnehmen kann. So fanden nun der damals neunzehnjährige Qemal mit seinen Eltern und Schwestern ihre Unterkunft in unserer Gemeinde in Gotha.

Diese muslimische Familie lebte nun in einem Gemeindehaus, aber das war der Familie nicht so ganz klar. Na jedenfalls bis ich kam und ihnen unsere Räumlichkeiten zeigte. Dadurch wurde ihnen bewusst, dass sie hier in einer christlichen Gemeinde sind. Ich selbst hatte den Auftrag Gottes verspürt, mich um diese Familie zu kümmern, auch auf Ämtern, mit Anträgen und so weiter. Am Anfang konnte ich mit Qemal auf Englisch einigermaßen kommunizieren.

Qemal ließ nichts unversucht, um sich bestmöglichst in unsere Gesellschaft zu integrieren. „Ich habe in wenigen Monaten Deutsch gelernt, das geht. Wenn man konzentriert bei der Sache ist und das wirklich will, dann geht das. Da muss man dann eben auch bis drei Uhr nachts die Bücher wälzen."

Qemal und seine Familie wurden von uns nach und nach zu Gottesdiensten oder auch in die Jugendgruppen eingeladen. Qemal sagte: „Wir fühlten uns hier immer mehr wohl und zu Hause und uns wurde klar, dass wir hierhergehören."

Algert kam zeitnah aus Tirana in das Auffanglager Engelsbach in der Nähe von Gotha und lernte zunächst Paulien kennen. Sie hat er später geheiratet. Paulien kam immer mit ihrer Familie und dann eben auch mit Algert in unsere Gemeinde nach Gotha. Dort lernte also Algert seinen Landsmann Qemal mit Familie kennen und wurden Freunde. Er sagte: „Ich arbeite als Dolmetscher bei der Polizei, in der Ausländerbehörde, im Krankenhaus – einfach überall, wo ich gebraucht werde. Dann habe ich einen Nebenjob bei Burger King und jeden Nachmittag verbessere ich meine Deutschkenntnisse im Sprachkurs." Algert hatte in Albanien bereits Finanzwirtschaft studiert und kann sich bei der ansässigen Sparkasse gute Chancen für einen Ausbildungsplatz ausrechnen.

Gotha hat eine Partnerstadt in Äthiopien. Eine kleine Reisegruppe einschließlich Bärbel und mir reiste dahin. So trafen wir 2017 Teketaj, unseren äthiopischen Reiseleiter. Tigraj ist eine Provinz im Norden des Landes, in der das Herzoghaus Sachsen-Coburg-Gotha als erstes Fürstenhaus auf afrikanischen Boden vor vielen Jahrzehnten gelandet war. Diese Provinz Tigraj ist so groß wie Thüringen und ich sollte auch eine Länderpartnerschaft mit Thüringen anbahnen. Teketaj hatte nun beim Goethe-Institut in Addis-Abeba Deutsch gelernt und hatte eine besondere Führung für uns vorbereitet, indem er uns bedeutsame, aber weniger bekannte Orte in dem urchristlichen Land zeigte.

Teketaj war zwar Christ und sie kennen dort den Heiligen Geist, aber nicht den lebendigen Gott. Er hatte viel vom Dreieinen Gott verstanden, auch Jesus kannte er, hatte aber keine persönliche Beziehung. Davon hat er nun von mir gehört. Nachdem in der Provinz der Krieg ausbrach, hat er mit seiner Geschäftsidee zur Reiseführung für ausländische Touristen ganz schlechte Karten und kann kaum überleben mit seiner Familie und den drei Kindern.

2019 hatte ich einen Auftrag bekommen. Ich hatte im Geist gehört, dass ich eine Gruppe von acht Leuten auf den Mosesberg führen soll. So jedenfalls hatte ich es verstanden. Ich hatte gehört und wollte und musste nun handeln. Es sind tatsächlich acht Leute zusammengekommen - das war schon mal ein Wunder und eine Bestätigung, weil die Sache ja doch etwas größer war. Und ich war zwanzig Jahre älter als bei meiner Erstbesteigung, die mir ja schon schwergefallen war, jedenfalls runterzu. Es ist ganz normal und verständlich, dass man bei solchen Aufträgen auch zwischendurch immer mal wieder Bestätigung braucht. Nach einem Gespräch mit meiner Seelsorgerin Sylvia entspannte sich allerdings alles in mir. Es stellte sich doch tatsächlich und überzeugend heraus, dass ich nicht richtig hingehört hatte. Und zwar hatte auch Sylvia ein Bild vom Herrn bekommen. Sie sah unsere Gruppe in Zweierreihe dort an der Mauer des Katharinenklosters kurz vor dem Aufstieg. In dem Moment bin ich allerdings herausgetreten aus der Gruppe, denn mein Auftrag war hier beendet. Er hieß nämlich nicht: Führe eine Gruppe auf den Mosesberg, sondern zum Mosesberg. Was für eine Erleichterung für mich. Aber das Schönste kam ja noch: In dem Bild sah Sylvia nun, wie Jesus selbst sich an meinen Platz in der Gruppe stellte. Da sie Jesus in Bildern eher selten sieht, war es auch für sie etwas ganz Besonderes. Jesus legte in diesem Bild oder eher Kurzvideo Seine Hand auf meine Schulter. In diesem Augenblick kam ein riesiger Scheinwerferkegel voll Licht - also Segen - von oben auf die gesamte Gruppe, auf jeden Einzelnen!

Für mich, der ich nicht richtig hingehört hatte, ob nun auf oder zum Mosesberg, für mich war es ein kurzer Moment der Entrüstung: „Was? Ich soll nicht mit hoch gehen, ich muss unten bleiben?". Aber daraus wurde ein längerer Moment des Niederkniens vor dieser großartigen Herrlichkeit unseres Herrn. Ich erkannte Seinen Willen für mich und für die Gruppe. Ich war überwältigt davon, auf dem richtigen Weg zu sein, die Gnade des Herrn für die ganze Gruppe so greifbar nah zu spüren. In solchen, eher seltenen Momenten hört man Jesus sagen: „Gut gemacht, du treuer und gehorsamer Diener!" Ich sollte also Führung der Gruppe an einen Menschen übergeben, der dazu bereit sein wird.

Entgegen seinen Gewohnheiten schickte in der folgenden Nacht mein Freund und Hausarzt Jürgen Lehmann eine Nachricht per Handy. Er hatte einen Eindruck bekommen und bat mich zu überprüfen, ob ich denn tatsächlich noch einmal da hoch auf den Mosesberg muss mit meinen 20 kg Übergepäck. Ich hatte im Durchschnitt seit der Erstbesteigung vor zwanzig Jahren ein Kilogramm pro Jahr zugenommen. Jürgen Lehmann schrieb, dass ich zwar meine Sänftenträger dabeihabe, die mir schon irgendwie da hoch helfen, aber er hat nicht den Eindruck, dass es mir guttun würde. Mein Freund wusste nicht, dass ich am Tag zuvor die Seelsorge hatte und bereits alles neu geordnet war.

Bild: Reisegruppe am Mosesberg (privat)

Ich sprach mit meinem Timotheus Mihnea darüber, erzählte ihm von der ganzen Entwicklung und fragte ihn schließlich: "Mihnea, kannst Du Dir vorstellen, von mir die Gruppe zu übernehmen?" Er hielt kurz inne und betete Sturm, wie er es von mir gelernt hatte. Dann sagte er in aller Dankbarkeit, Ehrfurcht und auch im Wissen um die Verantwortung: „Ja, Helmut. Ich mache das." Er war bereit, diese Verantwortung zu übernehmen. Ich war bereit loszulassen. So führte Mihnea die Gruppe auf den Mosesberg und leitet seitdem unsere Mosesberg-Gebetsgruppentreffen Sonntagabends.

ZWISCHENWORTE

Mihnea Onofrei: Immer noch mein geistlicher Vater Helmut

Römer 8,14: „Alle, die sich von Gottes Geist leiten lassen, sind seine Söhne und Töchter." „Hören und handeln" ist ein weiteres Prinzip, das Helmut immer wieder erwähnt und auch vorgelebt hat. Als er sich in unserer Gemeinde stark dafür eingesetzt hat, dass eine albanische Familie in unseren Räumlichkeiten aufgenommen wird, hatte er vorher Gottes Stimme klar gehört. Letztendlich war das ein großer Segen für die ganze Familie. Ähnlich war es, als Helmut im Gebet den Eindruck bekam, eine Gruppe von 12 Leuten nach Jerusalem zu führen zum Marsch der Nationen im Jahre 2018. Ich durfte den Vorbereitungsprozess eng mitbegleiten und dabei zusehen, wie sich alles langsam zusammenfügte und das Wort Realität wurde. Auch zwei Jahre später, als wir gemeinsam den Mosesberg in Ägypten bestiegen, war es ein Ergebnis des Hörens der Stimme Gottes und des Handelns danach. Für mich waren das sehr wertvolle Erlebnisse und Lektionen, denn ich bin jemand, der dazu tendiert, sehr schnell Sachen anzugehen und nach vorne zu stürmen, aber es ist so entscheidend erst zu „hören" und dann zu „handeln". Wer kennt es nicht, wenn wir unsere eigenen Pläne durchziehen und Gott im Nachhinein bitten, diese zu segnen. Gott ist gnädig mit uns, allerdings ist es immer besser, erst von Ihm zu hören und dann zu handeln.

Psalm 145,18: „Nahe ist der HERR denen, die zu ihm rufen, allen, die ihn aufrichtig anrufen." Ich erinnere mich an eine Begebenheit, die sich im Februar 2020 ereignet hatte. Helmut, vier weitere liebe Freunde und ich wollten am Berliner Flughafen einchecken, um nach Sharm El-Sheikh in Ägypten zu fliegen. Zwei weitere Freunde sind erst einen Tag später nach Ägypten geflogen. Ich bat alle Gruppenmitglieder ihre Reisepässe rauszuholen und ich erinnere mich an Helmuts Reaktion, als er seinen Reisepass rausholte. Es war leider nicht seiner, sondern der seiner lieben Frau. Man konnte merken, dass wir alle etwas unruhig wurden und nicht wirklich wussten, was wir jetzt tun sollen. Um es auf den Punkt zu bringen, folgte danach eine sehr stressige Stunde und das Ganze endete aber Gott sei Dank darin, dass wir in der allerletzten Minute noch einchecken konnten. Daraufhin machte Helmut eine Aussage, die ich immer wieder von ihm gehört habe: „Ich habe sturmgebetet". Immer wieder, wenn wir widrigen Umständen begegneten, etwas nicht funktionierte oder wir Probleme hatten, war Helmuts Reaktion zunächst nach oben zu schauen und Gott inmitten des „Sturms" um eine Lösung zu bitten. Und so erlebten wir immer wieder Gottes erstaunliches Eingreifen in verschiedensten Situationen. Wie oft habe ich versucht, Probleme selbst zu lösen und erst nachdem es gar nicht funktionierte und Frust aufkam, entstand der Gedanke, vielleicht mal dafür zu beten. Helmuts Art „sturmzubeten" hat mich immer wieder daran erinnert, dass Gott nur ein Gebet entfernt ist.

Maleachi 3,24a: „Und er wird das Herz der Väter zu den Söhnen und das Herz der Söhne zu ihren Vätern umkehren lassen." Auch außerhalb der Kirche zeigt es sich, wie wichtig es ist, dass die ältere und die jüngere Generation jeweils gleichzeitig ihren Beitrag leistet. Die ältere Generation kann ihre Erfahrungen teilen und den Weg für die jüngere Generation bahnen, die Frische und auch neue Ideen mitbringt. Auch im Leib Christi ist diese Einheit zwischen den Generationen so wichtig und vor allem meine Generation kann so vieles von Männern und Frauen lernen, die ein Leben mit Gott gelebt haben und durch viele Höhen und Tiefen durchgegangen sind. Obwohl Helmut mir und einigen unserer lieben Brüder fast 40 Jahre im Voraus ist, hat er sich immer wieder auf die Gemeinschaft mit uns eingelassen und ist z.B. auch zu den Awakening Europe Konferenzen mitgereist, bei *denen vor allem auch viele junge Menschen such begegnen. Seine Präsenz war auch immer eine Bereicherung für die ganze Gruppe und Helmut ist immer wieder bemüht gewesen, von dem Segen und den Möglichkeiten, die er bekommen hat, auch an die nächste Generation zu geben. Durch Helmut bin ich z.B. auch zu dem Evangeliums-Rundfunk (ERF) oder in eine internationale Gebetsgruppe gekommen und durfte da vieles lernen und auch im Glauben wachsen. Ein Beispiel ist einer meiner persönlichen Highlights: nämlich das Privileg im Jahr 2018, vor dem Start des Marsches der Nationen in Jerusalem, gemeinsam mit Helmut und vielen geistlichen Leitern aus der ganzen Welt im israelischen Parlament Knesset gewesen zu sein.*

Die Freundschaft mit Helmut ist für mich im wahrsten Sinne ein Geschenk Gottes. Ich bin zutiefst dankbar für all das, was wir bisher gemeinsam erleben durften und was wir auch noch gemeinsam erleben werden. Das Geschriebene ist nur eine sehr, sehr kleine und kurz zusammengefasste Auswahl von dem, was ich durch Helmut lernen durfte. Mein Wunsch und Gebet ist es, dass Helmuts Leben und auch sein starkes Zeugnis noch für viele Menschen zum großen Segen wird."

Ich habe meine Söhne im Geist Jesu immer wieder dazu aufgefordert, untereinander in Beziehung zu bleiben, auch wenn sie inzwischen sehr verstreut sind. Julien in Leipzig, Mihnea hatte in München studiert und ist jetzt einige Monate nach Spanien entsandt. Algert und Paulien sind in Göttingen. Aber sie halten zusammen, besuchen sich gegenseitig, bleiben in Kontakt. Gott lebt in Beziehungen. Und wenn die Beziehungen nicht gepflegt werden, kann Gott nur schlecht wirken unter und durch euch. Deshalb bleibt in Seiner Liebe miteinander verbunden!

Für mich trifft es das folgende Gedicht sehr gut, was Vaterherz, Liebe Gottes und Vertrauen bedeuten – in Liebe vertrauen auf Gott, aber auch Vertrauen und Verlässlichkeit untereinander nach dem liebenden Vorbild Gottes:

Spuren im Sand

Eines Nachts hatte ich einen Traum:

Ich ging am Meer entlang mit meinem Herrn.

Vor dem dunklen Nachthimmel erstrahlten,

Streiflichtern gleich, Bilder aus meinem Leben.

Und jedes Mal sah ich zwei Fußspuren im Sand,

meine eigene und die meines Herrn.

Als das letzte Bild an meinen Augen vorübergezogen war, blickte ich zurück.

Ich erschrak, als ich entdeckte,

dass an vielen Stellen meines Lebensweges nur eine Spur zu sehen war.

Und das waren gerade die schwersten Zeiten meines Lebens.

Besorgt fragte ich den Herrn: „Herr, als ich anfing, dir nachzufolgen,

da hast du mir versprochen, auf allen Wegen bei mir zu sein.

Aber jetzt entdecke ich, dass in den schwersten Zeiten meines Lebens

nur eine Spur im Sand zu sehen ist.

„Warum hast du mich allein gelassen, als ich dich am meisten brauchtest?"

Da antwortete er: „Mein liebes Kind, ich liebe dich und werde dich nie allein lassen, erst recht nicht in Nöten und Schwierigkeiten.

Dort wo du nur eine Spur gesehen hast, da habe ich dich getragen."

(Quelle: Aus der Autobiografie Spuren im Sand, Copyright © 1964 Margaret Fishback Powers, übersetzt von Eva-Maria Busch, Copyright © der deutschen Übersetzung 1996 Brunnen Verlag GmbH, Gießen. www.brunnen-verlag.de)

24. Gottes Liebe und die Ewigkeit

Im Jahre 2017 waren mein lieber Freund Hans-Jürgen Döring und ich vom Thüringer Landtag in Erfurt zu einer Schriftstellerlesung im Plenarsaal eingeladen. Auch mein Freund Volker Hase war mit dabei. Hans-Jürgen war der Präsident des Thüringer Schriftstellerverbandes. Da er bei solchen Veranstaltungen deshalb auch immer ein Grußwort sagen musste, war er etwas nervös. Aber ich kannte ihn sehr gut und wusste, dass dies nicht der einzige Grund für seine Nervosität war. Hans-Jürgen hatte Schmerzen und leider hatte ihm nichts bis hin zur chinesischen Akupunktur geholfen. Natürlich wusste er von meinen Heilungen, sowohl von der ersten Spontanheilung als auch von meiner zweiten Krebsheilung. Er war auch einige Male in unserer Gemeinde mit und fand sie sehr offen und authentisch, jedenfalls hat er sich dort wohlgefühlt und war berührt.

Bild: Hans-Jürgen Döring (rechts) mit Lilo Fuchs (Mitte) und mir auf der Internationalen Konferenz „JÜRGEN FUCHS - SAGEN WAS IST" an der Universität Wroclaw in Polen vom 3.-5. November 2016

In den nun schon über 25 Jahren unserer Freundschaft hat Hans-Jürgen alle meine Entwicklungen beobachtet und hatte bemerkt, wie ich durch den Glauben ruhiger und gelassener wurde. Wir waren eng beieinander – nicht nur bei gemeinsamen Kino- bzw. Theaterbesuchen oder auf Wanderungen, sondern auch geistlich.

Beide sind wir im Juni geboren und so sagte Hans-Jürgen: „Wir sind beide Zwillinge." Und da Hans-Jürgen oft mit den Worten spielte und vieles doppeldeutig meinte, hat er damit sicherlich auch unsere Nähe bezeichnet. Und um dem noch einen drauf zu geben, sagte er: „Es wird sich zeigen, wer von uns der Castor und wer der Pollux ist." Damit waren die Zwillingssterne gemeint, die doch unterschiedlich zu leuchten schienen. Diese Frage wurde allerdings nicht beantwortet.

Ja, wir waren enge Freunde. Und deshalb machte ich mir Sorgen, dass er solche Schmerzen hatte. Trotzdem war es schön, wenn wir zusammen waren. Er kam auch an dem Tag zu mir gefahren. Volker Hase war bereits da. Und als wir gemeinsam nach Erfurt losfahren wollten, bekam ich die göttliche Anweisung: „Bete jetzt mit Volker für Hans-Jürgen." Diese Anweisung war wie immer kurz, aber sehr eindrücklich. Das sagte ich meinen beiden Freunden und Hans-Jürgen winkte ab mit den Worten: „Ach nein, Helmut. Jetzt doch nicht, das passt jetzt gar nicht." Aber ich war innerlich so aufgewühlt, dass ich kaum anders konnte. Ich war mit Hans-Jürgen schon oft kurz vor dem Punkt, dass ich mit ihm das Lebensübergabegebet sprechen wollte. Ich weiß, dass er innerlich oft kurz davorstand. Aber er hatte seine Grenzen und so auch jetzt mit seinem rigorosen Nein. Ich schaute Volker an, der allerdings wohl einen ähnlichen Eindruck wie ich hatte.

Mit meinem Auto fuhren wir dann wie immer bei Veranstaltungen in Erfurt gemeinsam in unsere Thüringer Landeshauptstadt. Nach der Schriftstellerlesung blieb man noch zusammen, es gab einen Stehempfang mit vielen Leuten. Ich hatte einige Gesprächspartner, Hans-Jürgen hatte andere. Volker Hase hatte wohl auch ein paar Gespräche, saß aber auch gern mal in der Ecke in einem schönen, großen Sessel. Plötzlich kam Hans-Jürgen zu ihm, das hat er sonst nie gemacht, auch wenn sie sich kannten und mochten. Ich weiß nur so viel, dass sie sich über Glaubensfragen unterhielten. Da wusste Volker, dass bei Hans-Jürgen etwas passiert sein musste – diese Ahnung hatte er auch schon früher am Tag. Genaueres weiß ich von dem Gespräch nicht, denn es war sehr vertraulich.

Nach der Veranstaltung sind wir wieder zu mir gefahren und haben im Fernsehen Fußball angeschaut. Wir waren vom Spiel sehr begeistert und hatten einen guten Rotwein getrunken. Wir haben danach auch noch viel geredet, so dass es sehr spät wurde.

Am nächsten Morgen frühstückten wir wie immer zusammen und normalerweise fuhr Hans-Jürgen dann allerspätestens zehn Uhr nach Hause. Aber nicht so an diesem Morgen. Er saß in unserer Küchenecke wie festgeklebt. Ich fragte ihn, ob er heute gar nicht los muss oder ob irgendwas ist. Er könne gerne bleiben, denn ich würde mir den Tag für und mit ihm freinehmen können. Er verneinte und betonte, wie schön es doch bei uns ist und er auch so gern da ist. Und so blieb er noch eine ganze Weile und erzählte mir viele Dinge aus seiner Kindheit. Wir erinnerten uns auch an die gemeinsame und wunderbare Pilgerreise nach Rom. Erinnerungsvoll glücklich fuhr er dann doch nach Hause.

Ein paar Tage später nur war ich an einem Samstag bei dem sogenannten Blütenfest in der christlichen Kommunität Siloah mit mehreren Tausend Menschen. Trotzdem hörte ich, dass mein Telefon klingelte und sah, dass Hans-Jürgen anrief. Ich nahm den Anruf kurz an, um zu sagen: „Hans-Jürgen, ich ruf zurück, hier ist es so laut." Daraufhin schrie eine Frauenstimme aus dem Telefon: „Helmut, Hansi ist tot!" Es war Hans-Jürgens Frau, die den Mark-und Beinerschütternden Satz ständig wiederholte. Ich konnte es nicht fassen! Das war doch unmöglich! Schnell suchte ich ein ruhigeres Plätzchen und fragte nach. „Angelika, was ist los? Hans-Jürgen ist tot?" Der Schreck saß mir fest in allen Gliedern. Ich wollte es nicht glauben, wiewohl ich es ja auch nicht glauben konnte. Wir hatten doch erst vor wenigen Tagen zusammengesessen. Ich war erstarrt. Ich hatte nie gedacht, dass mein Freund und Sportlehrer eher sterben würde als ich, der ich doch seit Jahren Krebspatient bin.

In dieser Stimmung, die ja eigentlich gar keine war, las sich ein Gedicht von Hans-Jürgen Döring in einem anderen Licht:

Fingerzeig des Himmels

Noch fein austariert
Die Grenze zwischen
Lebenden und Toten

In der morgenlosen Welt
Luftwurzeln wie aus
Zellophan

Das Knistern des Eises
Für Spurensucher
Unhörbar – fast.

Am nächsten Tag, am Sonntag, war wieder unser Gebetstreffen in der Gemeinde. Mein Freund Jürgen Lehmann hat mich gleich gefragt: „Helmut, was ist los mit Dir? Irgendetwas stimmt doch nicht." Also teilte ich ihnen die traurige Nachricht vom plötzlichen Tod Hans-Jürgens mit.

Daraufhin betete Jürgen Lehmann und fragte Gott direkt: „Wo ist Helmut sein Freund Hans-Jürgen?" Das kam mir fast ein bisschen mystisch oder esoterisch vor - wie kann er denn! Es folgte eine Gebetszeit, auch für mich wurde gebetet.

Am nächsten Tag klingelte genau siebzehn Uhr das Telefon – es war Volker Hase. Das macht er sonst nie um diese Zeit. Volker sagte: „Du Helmut, ich weiß nicht warum, aber ich stehe hier in der Küche, will einen Kaffee kochen und höre dabei neben mir eine Stimme: ´Rufe Helmut an und sage ihm: Sein Freund Hans-Jürgen ist bei mir!' Und das habe ich jetzt gleich gemacht." Volker wusste, dass es Gottes Stimme war. Ich wusste es auch sofort. Das machte mich sprachlos und knieweich, so dass ich mich erst einmal setzen musste. Nach einiger Zeit sagte ich zu Volker: „Eh, das konntest Du gar nicht wissen!" Denn ich hatte Volker weder vom Tod meines Freundes noch von dem sonntäglichen Gebet in der Gruppe in der kurzen Zeit erzählen können. So redete ich weiter: „Volker, ich bin Dir dankbar dafür, aber ich frag mich schon, woher du wusstest, dass Hans-Jürgen Döring gestorben ist?" Daraufhin tönte es erregt aus dem Telefon. „Was?? Unser Hans-Jürgen ist gestorben??" Er hatte es wirklich noch nicht gewusst und auch gar nicht vermutet, dass eben dieser Hans-Jürgen gemeint sein soll.

Es war dennoch eine erlösende Nachricht für mich, denn mir fiel ein riesengroßer Stein vom Herzen. Ich hatte mir selbst schwere Vorwürfe gemacht, dass ich vielleicht dafür verantwortlich bin, wenn Hans-Jürgen nicht im Himmel ankommt. Ich war wohl nicht entschieden genug drangeblieben, ihn zu Jesus zu führen, damit Hans-Jürgen sein Leben Jesus übergibt. So war meine etwas naive Vorstellung, die mich zentnerschwer bedrückt hat. Aber Jesus hat doch viel mehr Möglichkeiten, die Menschen zu sich zu ziehen, auch wenn sie sich wie Hans-Jürgen mit dem letzten Schritt schwergetan haben. Ich war jedenfalls wirklich entlastet und fast glücklich über diese gute Nachricht. So konnte ich auch meinen Freund loslassen, denn er war nun sicher in den allerbesten Händen.

Ich hatte das Gefühl, nun sofort zu Angelika fahren zu müssen, um mich dort in seinem Haus von ihm verabschieden zu können. Aber Angelika sagte am Telefon, dass er zur Obduktion nach Nordhausen mitgenommen wurde. Da wurde ich stutzig und ich kam folglich nicht mehr körperlich mit ihm zusammen. Ich musste ihn im Geist loslassen.

Bei der Trauerfeier im Eichsfeld waren an die 300 Menschen zugegen. Ich durfte mir sicher sein, dass mein vorgeeilter Freund Hans-Jürgen den besten Platz von allen hat: auf ewig im Himmel. Was für ein freudiger Moment in der Traurigkeit!

Allein in dieser einen Geschichte mit Hans-Jürgen spürte ich die unfassbar gewaltige Liebe Gottes, indem ich Hans-Jürgen kennenlernen durfte, in ihm über Jahrzehnte einen wahren Freund fand und Gott ihn letzten Endes zu sich gezogen hat, was ich auch noch so wunderbar-außergewöhnlich erfahren durfte.

25. Gebet und königliches Priestertum

Es ist immer wieder erstaunlich, wie stark Gott einzelne Menschen, ja jeden einzelnen Menschen liebt. Er ist die Liebe. Und wie Er aber auch ganze Völker lieben kann. Ganz vorn dran steht da sein auserwähltes Volk Israel. Ich habe neben Gotha, Thüringen und Deutschland auch Israel besonders auf meinem Herzen, und zwar bereits ziemlich lange.

Für mich war es schon zu DDR-Zeiten eine Last, dass die DDR keine diplomatischen Beziehungen zu Israel hatte. Da waren die Beziehungen zu den Palästinensern wichtiger, auch wenn sie für das Attentat in München zu den Olympischen Spielen 1972 verantwortlich waren. Damals hatten palästinensische Terroristen elf israelische Teammitglieder und einen Polizisten getötet. Ich war zu dem Zeitpunkt gerade mal achtzehn Jahre alt und zutiefst geschockt – auch davon, dass die DDR-Führung dazu schwieg. Ich spürte immer mehr, dass stellvertretende Buße für mich ein wichtiges Thema ist. Die Beziehung zu Israel hatte und habe ich auf dem Herzen, schließlich ist es Gottes auserwähltes und geliebtes Volk. So war es mir ein Bedürfnis, bei der Gründung der „Deutsch-Israelischen Gesellschaft" in Thüringen Anfang der 1990er Jahre dabei gewesen zu sein.

Ich durfte im Jahr 2015 den ersten „Marsch des Lebens" in Gotha mit immerhin 350 Teilnehmern aus allen Gemeinden initiieren. „Marsch des Lebens" ist eine internationale Gebetsbewegung von Christen und Juden zum Gedenken an den Holocaust und zur Versöhnung. Endlich konnte ich direkt etwas tun für eine bessere Verständigung zwischen den Völkern, durch stellvertretende Buße zur Versöhnung zu gelangen. Deutschland und Israel und die notwendige Buße sind wichtige Themen für mich.

Und obwohl ich zu diesem Zeitpunkt Harald Eckert noch gar nicht kannte, muss ich hier einen Text von ihm einfügen, den ich für sehr wichtig erachte und der mich nach und nach in eine tiefere Glaubens- und

Gebetshaltung führte. Harald Eckert war der langjährige Chefredakteur der Zeitschrift „Israel heute". Er hat am 7.11.2017 ein prophetisches Wort für Deutschland empfangen und das lautet folgendermaßen:

„Deutschland, Deutschland, höre das Wort des Herrn: Ich habe Dich aus der Asche und den Trümmern des Zweiten Weltkrieges herausgezogen. Du warst tödlich verwundet, aber ich habe Dich am Leben erhalten. Ich habe Deine klaffenden Wunden versorgt, Dir das Blut abgewaschen und Dir geholfen, wieder auf die Beine zu kommen.

Ich habe Dir Leiter zum Wohl des Landes gegeben: Die Väter des Grundgesetzes und Männer wie Konrad Adenauer, Helmut Kohl und Johannes Rau. Du hast Dich, so gut Du konntest, gebeugt unter die Schuld der Verantwortung für den Zweiten Weltkrieg und für den Holocaust, und ich habe Dir wieder einen ehrenvollen Platz unter den Völkern eingeräumt. Von mir kam das Wunder der friedlichen Wiedervereinigung. Ich habe Dir Gnade über Gnade gegeben und Dich geliebt wie einen verlorenen Sohn. Ich habe Dir mein Vertrauen geschenkt, auf dass Du Dich mir wieder von Herzen zuwendest, mich fürchtest, meine Gebote ehrst, Versöhnung mit Deinen Nachbarvölkern suchst und mein geliebtes Volk Israel segnest.

Du warst auf dem richtigen Weg – aber Du bist dabei, vom Weg abzukommen. Die Welt hat gestaunt über Deine Erholung nach dem Zweiten Weltkrieg, über die Aussöhnung mit Deinen Nachbarn, insbesondere mit Frankreich, über Dein aufrichtiges Bemühen im Umgang mit dem Holocaust, über das Wunder der friedlichen Wiedervereinigung und über das weitere Wunder von 50 Jahren fruchtbarer diplomatischer Beziehungen zu Israel. In den Augen der Welt, in den Augen Israels und auch in meinen Augen bist Du wieder zu Ehre und Würde gelangt. Das war mein Werk der Gnade an Dir und durch Dich, spricht der Herr.

Doch Du stehst in Gefahr, meine Gnade für billig zu erachten, mein Erbarmen Dir gegenüber zu verschleudern und das Vertrauen, das ich in Dich gesetzt habe, mit Füßen zu treten. Du verachtest meine Gebote, Du speist mir ins Angesicht mit Deiner wachsenden Anmaßung, Arroganz und Selbstherrlichkeit, Du entfernst Dich von jeder Form der Ehrerbietung und der Ehrfurcht vor mir. Du brüskierst mit Deiner Selbstherrlichkeit immer mehr Deine Nachbarvölker und Du lässt aus selbstsüchtigen Gründen mein Volk Israel im Stich.

Der Grund, auf dem Du Dich bewegst, wird Dir zunehmend schlüpfrig, und die Richtung, die Du einschlägst, führt zunehmend Richtung Abgrund. Ich bin dabei, mein Angesicht, das ich Dir so liebevoll zugewandt habe, von Dir abzuwenden und Dir meine Gunst zu entziehen. Deutschland, Deutschland, halte inne! Deutschland, Deutschland, komme wieder zur Besinnung! Mögen Deine Priester mich um Erbarmen anrufen! Mögen Deine Könige vor meinem Wort erzittern! Mögen Deine Propheten mit klarer Stimme sprechen! Möge die Gemeinde und möge das Volk sich mir wieder zuwenden!

Erinnert Euch an mein Wort: Ein zerbrochenes und demütiges Herz verachte ich nicht. Zerbrecht Euer Herz und demütigt Euren Geist! Kehrt wieder um zu mir! Kehrt um zu Dankbarkeit, Gottesfurcht und Schlichtheit der Herzen. Kehrt um zu Nächstenliebe, Barmherzigkeit und dass einer den anderen höher achte als sich selbst! Kehrt um zum Mut zur Wahrheit, zu Wahrhaftigkeit und zum Einsatz für Gerechtigkeit und Barmherzigkeit in dieser Welt! Kehrt um zu mir, spricht Euer Gott, der Euch liebt und der Euch zu einem Segen in der Völkerwelt und zu einem Segen für Israel gesetzt hat und weiterhin setzen möchte."

Buße führt zu Umkehr und die bringt den Segen, den wir doch alle brauchen – so meine Kurzzusammenfassung dieses auf- und anrührenden Textes.

Bei all meinen Erlebnissen wollte ich immer noch mehr von und mit Gott erfahren. So konnte ich auch relativ schnell zusagen, als mich mein Freund Jürgen Lehmann fragte, ob ich im Januar 2018 mit nach

Augsburg zur „MEHR"-Konferenz kommen möchte, obwohl ich davon oder vom Gebetshaus Augsburg zuvor noch nichts gehört hatte. Der Konferenztitel passte voll in meine Richtung. Mit entsprechend hohen Erwartungen fuhr ich mit Jürgen Lehmann und Jürgen Koch nach Augsburg. Jürgen Koch ist ein langjähriger Freund, ein Schulfreund von Volker Hase, der zu meiner Gemeinde gehört und nach meiner Taufe sehr geduldig alle meine Fragen beantwortete. Wir checkten in einem Hotel ein und gingen beschwingt auf diese Konferenz.

Bild: Jürgen Koch, Helmut Rieth und Jürgen Lehmann auf der MEHR-Konferenz in Augsburg im Januar 2018 (Quelle privat)

Es war einfach nur gigantisch, so viele tausende, vor allem junge Menschen zu sehen, die Gott nachfolgten und genauso mehr wollten wie ich. Und die wunderbare und kraftvolle Lobpreismusik haben wie immer mein Herz sehr bewegt. Ich war voll begeistert von dieser Lebendigkeit.

An einem Abend war ein Abend der Buße geplant. Es kamen dazu verschiedene Leiter aus ganz Deutschland auf die Bühne. Es ging um 100 Jahre Ende des ersten Weltkrieges und es wurde Buße getan für all das Leid, welches im ersten Weltkrieg von Deutschland ausgegangen war. Ein Mann auf der Bühne beeindruckte mich ganz besonders: Prinz Philip Kiril von Preußen, der Ururenkel des letzten deutschen Kaisers Wilhelm II., welcher 1918 abdanken musste.

Der Prinz wurde als Pfarrer vorgestellt. Er gehört zu den höchsten Adeligen Deutschlands, hat aber eine bürgerliche Mutter und wurde so von seinem Großvater aus der Monarchenlinie ausgeschlossen. Und trotzdem stand er da vorn und hat öffentlich Buße getan für das, was seine Vorfahren vor 100 Jahren taten oder eben nicht taten. Das war so notwendig wie überwältigend für mich, so tief berührend und authentisch, dass ich jetzt noch Gänsehaut bekomme, wenn ich daran denke.

Sehr zufrieden über diese geistreiche Abendveranstaltung ging ich danach mit meinen zwei Freunden gegen 23 Uhr in unser Hotel zurück und wir ließen den Abend bei einem Bierchen ausklingen. Ich hatte Blick auf den Tresen der Rezeption und erspähte völlig überrascht den Prinzen, der gerade eincheckte. Ich wusste sofort, dass das kein Zufall war und musste ihm sowieso speziell danken für seinen Part an diesem Abend. In meiner Laufbahn hatte ich gelernt, keine Angst vor hochgestellten Persönlichkeiten zu haben, allerdings Ehrfurcht und Respekt. Und so ging ich an die Rezeption, sprach ihn an und lud ihn sogar an unseren Tisch ein. Prinz Philip Kiril von Preußen kam tatsächlich mit einer Bibel in der Hand meiner Einladung nach und wir hatten wunderbare offene Gespräche. Gottes Geist hat uns diese Zeit geschenkt und unerwartete Türen für die Zukunft geöffnet. Oh ja, das war wirklich ein Kairos-Moment – ein Moment der Gegenwart Gottes, ein langer Augenblick himmlischer Gotteszeit, denn so etwas kann sich kein Mensch ausdenken!

Wir haben uns lange auf Augenhöhe und per Du unterhalten. Dann sagte Prinz Philip, dass er sehr stark den Eindruck hat, dass ich bei der Gebetsinitiative „Erbarmen über Deutschland" dabei sein sollte. Sie war erst vor kurzer Zeit gegründet worden. Jeden Donnerstagabend 19:30

Uhr hatte man in einer Telefonkonferenz gemeinsam eine Stunde lang für unser Land gebetet. Und so war ich bei der Gebetsgruppe dabei. Für mich war es eine Berufung, weil ich natürlich den Herrn gefragt hatte und ein deutliches „Ja" bekam.

Eine andere Gebetsgruppe ist die „German Watch" als Teil der „Global Watch", die in Herrnhut initiiert wurde. In dieser Gruppe wird jeden Tag außer sonntags von 11 bis 13 Uhr für Deutschland, teils auch für Europa, Israel oder aktuelle Themen wie z.B. den Krieg in der Ukraine gebetet. Aufgrund des gleichen Zieles, Gott um Erbarmen über Deutschland anzuflehen und Buße zu tun, fusionierten beide Gebetsinitiativen und so gibt es jetzt die „German Watch Gebetsgruppe Erbarmen über Deutschland." Zum Teil bin ich auch in der „European Watch" dabei, was ja meiner Brückenbauer-Berufung entspricht. Alles hat sich durch das Treffen mit Prinz Philip in Augsburg ergeben und ich bin sehr froh darüber.

2018 hatte ich deutlich vom Herrn den Auftrag, Prinz Philip nach Gotha einzuladen, um seine andere Ahnenlinie, ausgehend vom „Opa von Europa" Ernst I., der Fromme, Herzog von Sachsen-Gotha-Altenburg, kennenzulernen. Er gehört zu seinen Vorfahren. Besonders erwähnenswert und interessant ist es, dass in Gotha das Schloss Friedenstein steht, von dem auch immer nur Frieden ausgegangen ist. Natürlich ist Prinz Philip auch in Gotha wieder mit der Bibel in der Hand gewesen und stand so seinem Vorfahren Herzog Ernst der Fromme in nichts nach.

Prinz Philip wurde schließlich durch mich und den Gothaer Oberbürgermeister, meinen ehemaligen Schüler Knut Kreuch, zum „Gothaer Friedensgespräch" mit dem Thema „1918 – Frieden(s)Stein oder Urkatastrophe" eingeladen, ausgehend vom Schloss Friedenstein mit seiner uralten Botschaft „Friede ernährt, Unfriede verzehrt". Diese Friedensgespräche fanden aller zwei Jahre statt und nun 2018 war die 6. Ausgabe mit über 600 Teilnehmern von der Seniorenakademie und aller Gymnasien und Berufsschulen von Gotha besonders gut besucht.

Zu Beginn der Veranstaltung ertönte die Pfeiffen-Intrade aus dem 1. Satz der Friedenspfeiffen-Suite auf der durch meinen Freund, dem Kantor Jens Goldhardt einmalig-wunderbar gespielten Schuke-Orgel dort im Kreiskulturhaus, denn im Schloss Friedenstein war zu wenig Platz für 600 Menschen. Und obwohl es kein sakraler Raum war, hatte ich den tiefen Eindruck, in einem Dom zu sein, so herrlich klang diese Orgel und so nah war auch die Stimmung am Herzen Gottes. Es war für mich ein weiterer, eindrücklicher Beweis dafür, dass hier Gott am Wirken war, wie man ja an der ganzen nur scheinbar zufälligen Kennenlern-Geschichte zwischen mir und Prinz Philip erkennen kann.

Nach der Begrüßung durch den Gothaer Oberbürgermeister Knut Kreuch schilderte Prinz Philip auf der Bühne zunächst seine ersten Eindrücke von Gotha. Er sprach sodann zum 100-jährigen Jubiläum des Endes des 1. Weltkrieges über dessen Ursachen, unter anderem über die Tragik, dass die enge Verwandtschaft der Monarchen den Kriegsausbruch nicht verhindern konnte. Er beleuchtete die ganze Problematik ähnlich wie in Augsburg, natürlich im hiesigen weltlichen Kontext mit etwas anderen Schwerpunkten.

Ich hatte nach der gelungenen Veranstaltung die Möglichkeit, Prinz Philip einen Teil seiner Vorfahren aus der Gothaer Geschichte näherzubringen.

2018 hatte ich außerdem vom Herrn den Auftrag, anlässlich des 70. Jahrestages der Staatsgründung Israels zwölf Personen nach Jerusalem zum „Marsch der Nationen" zu führen. Natürlich hatte ich sofort Ausreden, weil ich ja nie Reiseleiter war. Aber im Mai 2018 ist die Reisegruppe wirklich nach Jerusalem gereist. Es waren auch einige meiner Söhne im Geist Jesu dabei. Hinterher reisten wir noch eine Woche durch Israel zu den besonderen Orten der Gegenwart Gottes. Wir waren auch in der Knesset, dem israelischen Parlament. Dort habe ich dann Harald Eckert zum ersten Mal kennengelernt, von dem die obige Prophetie über Deutschland stammte, woraufhin die Gebetsinitiative entstand. So verbringe ich nun fast jeden Tag mehrere Stunden im Gebet mit lieben

Freunden und vor allem mit Gott. Er hat mich in all den Jahren mehr und mehr fokussiert auf Jesus.

Ein Gebet möchte ich Dir ans Herz legen, denn ich bete es seit Jahren jeden Morgen. Es ist das Bekenntnis der Überwinder, welches von Derek Prince und seinem Internationalen Bibellehrdienst IBL aus mehreren Bibelstellen zusammengesetzt wurde. Damit starte ich in den Tag:

Bekenntnis für Überwinder

Mein Leib ist ein Tempel des Heiligen Geistes, erlöst, gereinigt und geheiligt durch das Blut Jesu.

Meine Glieder, die Teile meines Körpers,
sind Werkzeuge der Gerechtigkeit, hingegeben an Gott,
um Ihm zu dienen und Ihn zu verherrlichen.

Der Teufel hat keinen Raum in mir, keine Gewalt über mich, und er hat kein Recht, mich anzuklagen.

Es gibt keine Verdammnis für mich durch das Blut Jesu.

Ich überwinde den Satan durch das Blut des Lammes
und durch das Wort meines Zeugnisses,
und ich liebe mein Leben nicht bis hin zum Tod.

Mein Leib ist da für den Herrn, und der Herr ist für meinen Leib.

(Quelle: Derek Prince, IBL - Internationaler Bibellehrdienst e.V.)

Mit der Zeit bin ich also in recht vielen Gebetskreisen und Initiativen aktiv. Ich bin davon überzeugt, dass es nie genug sein kann. Zuviel Gebet gibt es nicht, so wie es zuviel Frieden, zuviel Gesundheit oder zuviel Freude nicht geben kann. Jesus selbst legt uns vor allem das Wächtergebet ans Herz, indem Er sagt: „Wachet und betet!" Hören und handeln wir in Seinem Geist nach Seinem Wort!

26. Lebenslang mit Gottes Führung

Gott hat mich in meinem Leben nach und nach zu sich gezogen. Ich durfte durch Gottes Liebe neu glauben lernen, Schritt für Schritt. Und ich durfte nun erstaunt feststellen, wie sich die Bibelsprüche des Tages meiner Geburt bewahrheitet haben.

Die Bibelsprüche, die offiziell für meinen Tag der Geburt im Jahre 1954 von der Herrnhuter Brüdergemeine ausgelost worden waren, lauteten:

„Deine Hand hat mich gemacht und bereitet. Unterweise mich, dass ich Deine Gebote lerne." (Psalm 119,73)

In den paar Jahren meines irdischen Lebens ist es mir immer mehr bewusst geworden, dass ich Gottes Geschöpf bin. Seit über 20 Jahren gehe ich nun mit Jesus durch mein Leben und durch die Zeit und bin mir felsenfest sicher, was von Anfang an über meinem Leben stand: Er hat mich gemacht. Ich bin Gottes Kind. Und wozu Er mich bereitet hat, das konntest Du auf den vorherigen Seiten nachlesen. Ich wurde tatsächlich nach und nach, Schritt für Schritt in den Geboten Gottes unterwiesen. Dazu gehörten schon als Jugendlicher der Konfirmationsunterricht und meine erste Herzenserfahrung auf dem Falkhof. Zur Unterweisung in meinem Leben zählen für mich auch die Prüfungen, Herausforderungen und Anfechtungen als Wegmarken ebenso wie die Vorbereitungen durch meine Funktionen und Verantwortungen, das heißt meine Erfahrungen in dieser Welt. Die Erfahrungen auf weltlicher Ebene haben sich dann auch auf geistlicher Ebene widergespiegelt.

Weil es mir nicht genügte, Seine Gebote zu kennen, entwickelte und verinnerlichte ich auch meine Devise: „Hören und Handeln im Geist." Nur so wird der Glaube zur runden Sache, denn er muss sich auch in Taten zeigen. Und die Gebote, die ich von Gott ins Herz bekommen habe, waren immer von Liebe geprägt.

„Ihr werdet erkennen, dass ich in meinem Vater bin und ihr in mir und

ich in euch." (Joh 14, 20)

Diese Vaterliebe, die bedingungslose Agape-Liebe, durfte ich immer öfter erfahren. Es ist inzwischen für mich eine innere und kindliche Gewissheit, dass Gott bei mir und in mir ist. Daraus entsprudelt meine Lebensfreude, wie es in dem schönen, beschwingten Lied heißt: „Freude, die von innen kommt..." Ohne diese Freude in mir hätte ich keine Kraft mehr und könnte die väterliche Agape-Liebe nicht an meine Geschwister, meine Familie oder meine Söhne im Geist Jesu und für wen immer sie gebraucht wird, als Geschwisterliebe weitergeben.

Der Text aus dem Evangelischen Gesangbuch für meinen Geburtstag lautete:

> *„Heiliger Geist, regier und leite meinen Gang, dass ich nicht gleite. Gib mir Lust und Kraft dazu, dass ich Gottes Willen tu."*

Ich habe keine Bibelschule besucht, denn mein bester Lehrer war und ist der Heilige Geist. Und dieser Heilige Geist hat mich tatsächlich in den letzten Jahren geführt. Trotzdem bete ich weiter um Weisheit und Erkenntnis, denn davon kann man nie genug bekommen. Gott ist so gütig und barmherzig und schenkt mir Lust und Kraft. Gottes Willen tun bedeutet für mich Hören und Handeln im Geist, wie zum Beispiel die Zwölfer-Gruppe nach Jerusalem oder die Achter-Gruppe zum Mosesberg zu bringen. Hören ist wichtig, um den Willen Gottes zu erfahren, aber ohne Handeln ist alles umsonst. Deshalb schiebe ich nichts auf die lange Bank, denn wenn ich von Gott gehört habe, dann muss auch gehandelt werden – das ist ganz klar.

Meine Zukunft liegt in Jesus. Ich habe mit Ihm großartige Dinge erleben dürfen, aber ohne Ihn hätte ich nichts und niemanden erreichen können. Und Er hat mir so viele wunderbare Menschen in meinem ganzen Leben immer wieder an die Seite gestellt – besonders möchte ich da meine liebe Bärbel erwähnen, mit der ich nun seit über 45 Jahren durch dieses Leben, durch Höhen und Tiefen, aber eben im Glauben und der Einheit gehen kann. Lasst uns als Christen zu demjenigen stehen, der zu uns gestanden hat – zu Jesus, der Sein Leben für mich, für Dich und jeden einzelnen Menschen gegeben hat, damit wir ein ewiges Leben bekommen.

Ich hoffe und wünsche, dass Du von meinen Erlebnissen und Erfahrungen mit Gott angerührt bist. Es ist schon sehr bedeutsam, dass wir uns einlassen und verlassen auf unseren liebenden Schöpfer von Himmel und Erde mit Seinem Sohn Jesus Christus, unserem Retter, Heiland und Erlöser, der alle Dinge zum Guten wenden kann. Im Röm 8,28 steht dazu geschrieben: *„Alle Dinge müssen dem zum Besten dienen, der an mich glaubt."*

Auch wenn es im Moment bei Dir nicht danach aussieht, aber es wird gut werden, weil Jesus es im Griff hat. Gott liebt Dich so sehr. Wenn Du diese Kraft in Dir und mit Dir haben möchtest, dann öffne Dich und Dein Herz für Jesus und folge Ihm nach. Er ist ein Gentleman, Er klopft an die Tür Deines Herzens, aber Du musst von innen aufmachen. Bitte nutze diese Chance und sprich die folgenden Sätze laut aus, womit Du Dein Leben Jesus übergibst. Ich kann es Dir nur von Herzen empfehlen und wünschen. Sei mutig:

Bild: Bärbel und ich unterm Gipfelkreuz (privat)

Herr Jesus Christus, ich glaube an Dich. Du bist der Sohn Gottes.

Du bist Mensch geworden und hast den Tod am Kreuz erlitten zur Vergebung meiner Sünden. Um mich vor Gott gerecht zu machen, bist Du vom Tode auferstanden.

Herr Jesus, ich gebe Dir jetzt mein Leben.

Sei Du mein Herr und Erlöser.

Bitte vergib mir alle meine Sünden.

Ich empfange jetzt die Errettung vom Gericht Gottes und das ewige Leben.

Danke Vater, dass ich jetzt Dein Kind bin und Du für mich sorgst.

Taufe mich mit Deinem Heiligen Geist.

Befreie mich von allen meinen Bindungen und Verwünschungen, die jemals über meinem Leben ausgesprochen wurden.

Ich empfange jetzt Deine Liebe und Deinen Frieden in meinem Herzen sowie Heilung für meine Verletzungen.

Ich danke Dir dafür. Amen.

Das war großartig, vielen Dank. Ich freue mich auf die kommenden Tage und Jahre auf dieser Welt mit meiner Familie, mit allen meinen Glaubensgeschwistern und vor allem immer wieder mit Jesus zusammen. Und ich freue mich auf die Ewigkeit bei unserem himmlischen Vater und Seinem Sohn Jesus Christus mit allen, die an Ihn glauben!

In Jesu Liebe verbunden.

Dein Helmut

„Gott ist Liebe. Und wer in der Liebe bleibt, der bleibt in Gott und Gott bleibt in ihm." (1.Joh. 4,16)